目次 * Contents

はじめに……9

第1章 なぜ学び続けるべきなのか？……17
九〇年代の大学受験――第二次ベビーブーマーの上京
大学は出たけれど――就職準備でしかなかった学生時代
知らないことだらけ――「学び」のおもしろさに気づく
現代では「学び続ける」のは必須――VUCAの時代
なぜ大学にこだわるのか？――自分にとってのモアベター
学歴社会は終わった？――学歴は武器じゃなく防具

コラム①初めての学校――幼稚園

第2章 学び続けてよかったこと・わかったこと……59
学び続けてよかったこと――学問と仕事は相乗効果
学び続けてイマイチだったこと――何かは犠牲になる
大学教育について――知識なきグループワークの無駄さ

もっと学びたい！と大人になって思ったら

伊藤賀一 Ito Gaichi

★——ちくまプリマー新書
490

大学生の変化——六割が進学する時代に
目に見える評価を欲しがる時代——大人と若者
勉強ツールの変化——電子辞書
コラム②二つめの学校——小学校
第3章　必要なのは時間・お金・体力、そして…………101
時間が足りない！——タイパを向上させる
お金はあるだけあったほうがいい——コスパを考える
一限はやめましょう——体力は浪費できない
無理しない範囲で組み立てる——気力が最後の砦
学び直しの心構え——三つの大事なこと
「恥ずかしさ」と「怖さ」——学びの壁を超える
学び続けた実例——五〇代女性の上京大学物語
コラム③三つめの学校——中学校

第4章 大学・大学院での「学問」ってなんだろう?……149
学問と勉強の違い――能動と受動
学びに優劣はない――リスキリングもリカレントも
現状を知っていますか?――諦める前に
大学の「ランク」――イメージに振り回されない
学内ヒエラルキーについて――早稲田の場合
知識ってなに?――ネットで一発検索できる時代に
芸術は不要?――武器と防具だけでは夢がない
「学び」と向き合う前提――文理とは?
コラム④四つめの学校――高校
第5章 学びの不安に応えるQ&A……181
将来が不安です
先生になりたいです
知っておくべき教育関連トピックは?

再受験するなら有名大に？
学び続ける人たちをもっと知りたい
再入学での出会い
教育関係のおすすめ本は？

おわりに……203

はじめに

一九九一（平成三）年。京都出身のぼくは、一八歳で私立・法政大学の文学部史学科に入学しました。受験中の二月にバブル経済が崩壊し、四月に上京するという最悪のタイミング。社会は暗い雰囲気がただよっていました。でもだからこそ、とくに浮かれることもなく社会科の塾講師や家庭教師のアルバイトに打ち込み、二二歳ですんなり卒業しました。

法政大は、東大・早稲田《わせだ》・慶應《けいおう》・立教・明治・法政と並ぶ東京六大学のうち入試難易度がいちばん低く、「六大学には入るけど五本の指には入らない」と揶揄《やゆ》されることもあり、ほんとうは早稲田、せめて明治には行きたかったぼくとしては第七志望。それでも唯一合格し、拾ってもらった大学で、感謝もしているし大好きでした。

卒業した後は、新卒で就職した難関大受験塾の校舎長と東進ハイスクール講師の二つの職に就いていましたが、両方を三〇歳で離職。三年半の全国流浪や、三五歳での結婚、四〇歳での受験サプリ（現在のスタディサプリ）スタートへの参加など、いろんな経験をしながら、おもに社会科予備校講師や物書きとして生きていました。

でも、第一志望だった早稲田の教育学部に落ちたまま受験業界の仕事をしているのもなんだかな……というモヤモヤがずっとあり、一念発起。**四三歳で早稲田大学を一般で再受験しました。**そして結果的に二つの学部に合格。二〇一六（平成二八）年に大学一年生から教育学部に入学しました。正直、二五年前の忘れ物が手元に返ってきたようで、気持ちよかったです。

受験直前の秋に娘が、二年生の秋に二歳違いの息子が生まれたので、寝不足をつねに抱えながらでしたが、第一志望の大学生活は予想以上に**楽しかった！**　これが最初にみなさんにお伝えしたいことです。四〇代での大学生活、始まるまでは不安もありましたが、本当に楽しかったのです。

また、当初はもちろん四年ですんなり卒業する予定だったのですが、大学がレジャーランドだった昔と違い、近ごろの大学は甘くなく、第二外国語の中国語で最終試験に引っ掛かってしまい留年……。さらに、同時期に新型コロナウイルス感染症の大流行がはじまり、すべてオンライン講義になったのがバカバカしくなり、もう一年自主留年。合計六年通い、二〇二二（令和四）年、**四九歳でようやく卒業**しました。大学は基本的には最長で八年在籍できるシステムなのですが、小学校でも六年でしょう？　さすがにこれ以上同じキャンパスに通うのはぼくも飽きそうだったので、ギリギリ卒業できてよかったです。

そして、卒業した翌年は「よかった……朝、早起きしなくていい」などと思い、講師や物書きに限らず、プロレスのリングアナウンサーやラジオパーソナリティなど、在学中に増えた仕事にも打ち込んでいたのですが、大学で六年もさまざまな分野の教養講座を受講したことでぼくの考え方は少しだけ変わっていました。

仕事だけでなく、やっぱりもっと勉強をしたいなと思い始めたのです。一生このまま数学や理科をやらないのは損かもしれないという気持ちがムズムズ起こり、次は国立大学の理系に行こうと決めました。私立文系からの転身のつもりです。受験も通学も大変なことはわかっていてなお、**三度目の大学生を目指す**わけです。

また大学？　大学院に行けば？　と思われるかもしれませんが、それは、ぼくの予定ではこの次にやることになっています。

仮に人生が四段ロケットだとしましょう。五〇代になり打ち上げ計画を決めた第二段階は、「一八歳で行った文学部、四九歳で卒業した教育学部に続き、理系の学士課程を卒業してから、早稲田大学教育・総合科学学術院の教育学研究科の修士課程に戻り、続いて商学学術院の経営管理研究科（＝ビジネススクール）でＭＢＡを取得し、〝文理両道〟になる」でした。

その後も、六〇代の第三段階としてイギリスの大学院に一年留学し、広島大学で憲法、長崎大学で多文化共生を学びます。七〇代の第四段階では、早稲田の博士課程に在籍しつつ、二〇四五年＝第二次世界大戦終戦一〇〇周年に、昭和天皇・ヒトラー・ムッソリーニという日独伊《にちどくい》のトップと、フランクリン＝ローズヴェルト＆トルーマン・チャーチル・スターリン・蔣介石《しょうかいせき》＆毛沢東という米英ソ中のトップを軸とした昭和史の本を出すつもりです。その時は七三歳で、後期高齢者突入よりは少し前。ここで、ぼくは、ようやく世界に打って出るのです。

さて、そんなライフシフト計画のスタートとして、二〇二四（令和六）年、五一歳で某国立理系大学に挑戦してみるも、出願するために課された超ユルい英語資格のハードルすら超えられず門前払い。ぼくは、そもそも理系受験のメイン科目である英語や数学がまったくできないんです（それでも、国語と社会ができれば最難関私大と言われている早稲田に二学部合格してしまうくらい、私文〈私大文系〉は軽量級かつ運ゲー〈運ゲーム〉なのだともいえるでしょう）。

諦めの悪い性格なので、先日、今年はワンチャン〈ワンチャンス〉あるだろう、と再び挑戦しました。しかし、ちょうど新課程入試がはじまった年で、初日から大問が八題もある英語が時間切れとなり後半はマークシートに塗り絵。二日目は数学の範囲拡大（数学ⅡBCってなに？　状態）で宇宙人とチャネリングを始めて答えが降りてくるのを待ち、六教科目として新たに登場した「情報」科目のできなさ（だって昔はこんな科目なかった）に念仏を唱え撃沈……。惨状でした。やはりかなりの勉強が必要です。

正直、日々の仕事が忙しすぎて勉強時間がちゃんと取れない！「**言うは易《やす》く、行うは難《かた》し**」という言葉の意味が、ようやく腹の底から納得できました。

こりゃいよいよ大変だ、二浪状態で迎える来年こそは合格するぞ、と決意しつつ、出版〆切《しめきり》がいよいよ近づいた筑摩《ちくま》書房さんの会議室にカンヅメとなり、冬空の下、この「はじめに」を書いている五二歳が、いまのぼくなのです。

ぼくは、生涯一学徒をモットーに、大学や大学院に行くことを一生やめないでしょう。それは、四三歳で入学した早稲田大学教育学部の「生涯教育学」専修に働きながら通い続け、四九歳でなんとか卒業したという経験の中で、「**学び続ける**」ことの魅力にハマったからです。

人生一〇〇年時代といわれるようになった近年、リカレント・リスキリング・リメディアル・ライフシフト・キャリアコンサルティング・TOEIC〇〇〇点などの言葉が飛び交い、「**学び直し**」は大流行しているように見えます。しかし、**かけ声は威勢がよいわりに、途中で挫折している人があまりにも多い**ような気がします。

本書では、「学び続ける」をテーマに、受講する側・講義する側双方の経験から得た個人的な知見を、赤裸々に語りました。時間やお金、年齢や周囲の環境など、きれいごとだけでは「続ける」ことはできません。しんどすぎるマイナス面も小さくありません。

しかし、それでもなお、「学ぶ」ことのプラス面は大きいと確信しています。

五つの章で、なるべく多くの人に、生涯「学び続ける」ことの魅力に気づいてもらえれば、と思い、人生を振り返りながら「学び」をいろいろ思い出しつつ、マイナス面もプラス面もすべて、明るく、楽しく提示していくつもりです。

この段階では、「おわりに」で何を書くかは決めていません。本書の中に何が出てくるか、ぼくも楽しみなのです。さあ、気軽にページをめくってみてください！

伊藤賀一

第1章　なぜ学び続けるべきなのか？

九〇年代の大学受験——第二次ベビーブーマーの上京

一九九一（平成三）年の年明け。一八歳のぼくは大学受験に向けて最後の勉強をしているところでした。テレビでは、ミサイルの飛び交う湾岸戦争のニュースが毎晩流れるかたわらで、八チャンネル＝フジテレビの月曜九時からはトレンディドラマの頂点と呼ばれる『東京ラブストーリー』が放映されていました。そういう時代です。

たまに、大学受験は浪人もできるし選べる幅も広いんだから、それらがない高校受験のほうが大変という方がいますが、一般受験なら、高校受験より大学受験のほうが厳しいと思います。なぜか？　内申が一点にもならない学力一発勝負なうえ、小中高の勉強の集大成で、整理しなければならない情報量が単純に多いからです。また、ナチュラルパワー、いわゆる「地頭《じあたま》」で通用する部分も実際はかなり少ないです。東大・京大・一橋のような、二次試験に知的で骨太な問題が出される大学であれば、地頭が左右する部分があるのも多少わかりますが、大抵の大学は暗記ゲームで、とくに私大は一斉&大量に採点を済ませる必要もあり、マークシート方式の運ゲームでもありますからね（数学はマーク式でも宝くじレベルでしか当たらず難しいですが）。

それに対し、**「父の経済力と母の狂気がすべて」**と言われるほど意識高い親子が集ま**るが浪人生はいない中学受験**と、**最終学歴という緊張感があり浪人生もいる大学受験は、いい勝負**かもしれません。

ただ、受験業界の人が言いがちな「中学受験は小四〜六年まで三年ガッツリかけるのに、なぜ大学受験は高三の一年でサッと済むと思っているのでしょう?」という話については、そりゃあ中学受験対策などの要素は皆無な公立小学校通いと、普段から大学受験対策が満載な進学校通いとは比べられませんよ、という話だと思います。高校というのは、特別な超進学校ではなく普通の学校に行っていても、教科書レベルを押さえていて本番で取りこぼしがなければ、難関大学以外は合格できます。**大学受験の勉強は一年、どんなに長くても二年で間に合います**。もちろん例外もあり、運動部で体力がある場合は部活明けの半年で間に合う人もいますし、医学部など超難関志望ならば三年かかる人もいます。社会人で働きながら受験する場合も、勉強時間を捻出するのは厳しいでしょう。

話を戻して、ぼくが受験をした時期、**一九八六〜九二年の七年間は、予備校業界で「ゴールデンセブン」と呼ばれる大学受験全盛期**で、一九六七〜七三年生まれの七学年の中に、一学年二〇〇万人以上いる第二次ベビーブーマー（一九七一〜七四年生まれ）が三学年分組み込まれています。

ちなみにその一年前、一九六六（昭和四一）年生まれの人は、中国から伝わった六〇年に一度の「丙午《ひのえうま》」伝説の影響から出生人口が少なく、受験も就職も相対的に楽でしたが、とにかく人口の多かった当時の大学受験は、超チャレンジ校一・チャレンジ校二・実力相応校三・安全校二・超安全校一の九校くらい受けるのも珍しくありませんでした。倍率が異常で合格しにくいので「数撃ちゃ当たる」方式を取る人が多かったこと、バブル経済（一九八七〜九一年）の影響で都市部の私大ブームがあったこと、現在に比べれば学費も住居費も水道光熱費も食費も安かったことから上京させやすかった、などがその背景にありました。

一九七二（昭和四七）年生まれで京都に育ったぼくは、チャレンジ校一つ（＝早稲田）、実力相応校六つくらいのつもりで、「まあ七つ受ければ半分くらいは受かるやろ」と、のんきに受験本番に向かいます。

まずはじめに受けた立命館大学文学部は肩慣らしのつもり。将来的には予備校講師になるつもりだったぼくは、最激戦区の東京で売れなければ「自称本格派」のローカル講師になるのが関の山なんじゃないかという考えもあり、関西に残るつもりはまったくないまま受験しました。受かるつもりで、よせばいいのに合格発表も母と見に行き、結果は不合格。動揺しました。

つぎに、立教大学文学部と学習院大学文学部を東京で受けました。前日に新幹線で上京し、池袋のホテルメトロポリタンに三連泊。開業六年めでピカピカの大ホテルに泊まり、一八歳のぼくは大興奮。池袋西口・ロサ会館のゲームセンターで遊びまくり、回転する「元禄《げんろく》寿司」で鉄火巻など二〇皿以上を食べ、外に遊びにいったり、アダルト有料放送を見たり、実家は蒲団《ふとん》なので珍しかったベッドで飛び跳ねたり（両親は何のために高いお金を払っているかわかりませんね……）。そして見事に二つとも落ちました。受験当日も、立教大学は小学校の校舎で受験したらしく机が小さすぎて動揺、学習院大学は目白駅で骨折寸前の通勤・通学ラッシュで降りられず動揺。とにかく非日常の連続で、ホテルに宿泊せず、**自宅から受験可能な人はかなり恵まれている**と痛感しました。

ちなみにぼくは、上京した日のこと、じつは不安だったことを忘れないように、この後ずっと毎年二月上旬にホテルメトロポリタンの同タイプの部屋に泊まっています。今年の二月にも泊まり、これで三四年連続でした。「初心忘るべからず」は、室町時代に能役者の世阿弥《ぜあみ》が『花鏡』に記した名言ですが、せめて形だけでも実践しようと、これからも続けます。

そして中央大学文学部の受験も終え、チャレンジ枠の早稲田をのぞけば事実上の本命である明治大学を受験。学習院や立教にも落ちて後がないぼくは、かなり焦って本気で受け、実際に手ごたえも感じていました。対する法政は、母がとりあえず受けろと言ったから願書を書いてもらって出したというだけで、ヤル気ゼロ。試験会場の六二年館もボロすぎて「ここに通うのはなあ」と一丁前に文句をつけ、休憩時間ギリギリまで普段飲まないコーヒーをゆったりたしなみ、勝負を捨てて漢文を白紙で出してきたくらいです。

ところが受験結果は、なんと明治に落ち、法政に合格。受験生の素人丸出しの**自己把握はいかにあやふやか**ということ、そして、**リラックスすることがいかに大事か**、ということです。そういえば、法政受験のリラックス要因として、ハガキで届いていた中央の不合格を、母がぼくに黙っていたことも大きかったです。受験中にマイナス情報は入れないのも重要。ことほど左様に**受験生はナイーブ**なのです。

その後、早稲田大学教育学部も受けましたが、納得の敗戦。戦う前から気持ち負けしてましたからね。本気で受けた明治に入れればいいや、等とポンコツ受験生の極み……。

大学受験結果は、第七志望の法政のみ合格。ぼくはもし最初に受けた立命館に合格していれば、入学金支払いや人間関係を考え、なんだかんだ我慢して地元に通う道を選択していたような気がするので、これは落ちてよかったなと思います。もしかして、人生の最大の岐路は「立命館に落ちた」ことかもしれません。人間万事塞翁《さいおう》が馬。ということで、法政はやはり最下位の志望校でした。でも、拾ってもらい大感謝して大好きになりました。それほど**「どこにも合格していない」事実は心を折る**のです。これは就職活動でも同じ。**「世の中に自分が必要とされていない」ような錯覚に陥る**のです。

当時は、共通一次試験（一九七九～八九年）からセンター試験（一九九〇～二〇二一年）に変わったばかりでしたが、ぼくの点数は英語一四一（当時はリスニングなしで発音アクセントと文法問題あり）・国語一八〇（当時は現代文一〇〇で古文漢文がそれぞれ五〇）・日本史一〇〇の合計四二一／五〇〇だったと記憶しています。英語以外はそんなに悪くないと思うのですが、この成績でGMARCHの下位校一つしか合格しないのです。ということは……、**入試はいかに英語が大事か**、とこの時は悔しく思いました。のちに、**入試はいかに配点が大事か**、がもう一つの真理だと気づくのですが、とにかくまあ「格に合う＝合格」状態だったのは、法政だけでした。

大学は出たけれど——就職準備でしかなかった学生時代

かくして一九九一（平成三）年に入学した法政大ですが、当時はまだまだ学生運動家たちがいて、入学式の日も、新左翼である中核派の学生活動家たちがヘルメット&サングラス&マスクのいで立ちで何か叫んでいる真横を通って会場まで向かった記憶があります。

第七志望とはいえ、新生活の希望に満ちていた一年生のぼくは考古学研究会というサークルに入り、顧問の伊藤玄三先生に頼み込んでタクラマカン砂漠遠征隊に入ろうとします。しかし、あらゆる意味で基礎力をつけた後でないと厳しいね、とりあえず国内の発掘から経験してきなさいと優しく諭され、持田春吉という愉快なジィちゃんが私的に開いた川崎考古学研究所に出入りするようになりました。

在野の研究者や他大の院生さんと混じり、竪穴《たてあな》住居や古墳の発掘、関連する雑用に従事し、時にはトラックの荷台や古墳の石室で居眠りしながら現場で土日を過ごしました。学内の考古研では、女の先輩に脱がされそうになったり男の先輩にチューされそうになったりする狂乱の夏・春合宿があったり、四八時間ぶっ通しで行われる二日間の学祭で屋台を出して焼きそばを売ったりしましたが、体育会などとは違い、浪人・留年経験者も含めて年齢もアバウトなことから大した上下関係もなく、ＯＢ・ＯＧも面倒見のよいサークルという感じで、楽しい記憶しかありません。

地下鉄で六駅離れた工務店二階の風呂なし下宿を拠点に、朝から大学の講義、空き時間は考古研の部室、夜は塾講師のアルバイト、夜中は友人宅に泊まったりして、英語とドイツ語の単位を一つずつ落とした以外は、まあ順調に文学部史学科一年生の学生生活をスタートしたといえるでしょう。法政は日本史学科がなかったため、本命の日本史以外に、考古学・東洋史・西洋史もバランスよく学べたのは、現在の仕事に活《い》きています。文字通り「**広く浅く**」を貫きました。

これは一見、バラバラのつまみ食いのように見えるかもしれませんが、「学び続ける」ことに関してはとても有効だと思います。

学びの究極の目標は、「自らを高めたい」という総合力的な要求になります。大人の学び直しを目指しているみなさんは、「仕事のために」や「専門力のために」などの理由があって本書をひらいてくれている方もいるかもしれませんが、明確な理由はなくてもいいのだとぼくは思います。もっと良い人間になりたい、もっと知識のある人間になりたいという欲求にこたえるのが学びです。身体でいえば「強くなりたい」と同義と言えるでしょう。

そしてそうならば、ボクシング・空手・テコンドーのようなストライカー（立ち技師）的要素、柔道・レスリングのようなグラップラー（組み技師）的要素、剣道・フェンシング・アーチェリー・射撃のような武具扱いの要素、陸上・水泳・体操・重量挙げといった運動基礎能力の要素etc.……役に立たない競技などあるのでしょうか？ **頭にせよ身体にせよ、どんな分野でも、総合力を培うにはドリル（部分練習）が必要不可欠**なのです。恥じることなく「広く浅く」学んで総合力を高めていきたいものです。

ぼくは、大学一年生段階で、将来は日本史講師を経て総合力のある社会科講師になりたい、という気持ちが強くなりました。「歴史」（考古学・日本史・東洋史・西洋史）を中心に、「地理」（系統地理・地誌）と「公民」（倫理・政治・経済）もオールラウンドに語れる・書ける講師に。それはニュースアンカーやジャーナリストに近い職業なのかもしれません。

社会科の総合力を高めるために、アルバイトも、家庭教師・個別・小教室・大教室という形態、小学生・中学生・高校生・浪人生という対象者を一通り経験したうえで、地理・歴史・公民と順に学んでいく中学受験塾の社会科講師をメインにしました。なぜ中学受験をメインにしたかというと、大学受験予備校は自分が若すぎて中小予備校のしかも少人数クラスしか担当させてくれないし、高校受験塾は国語と社会の兼任パターンが多くプロっぽくないというマイナス面があり、ハイレベル生が集い、保護者の意識も高い首都圏の中学受験塾のほうが、学びは大きいはずと踏んだのです。

そして二年生が始まるころ、発掘現場や考古研から離れます。中学受験塾や家庭教師でそれなりに実績をあげていたこともあり、横浜校にいた兄の紹介で、SAPIXの前身であるTAPという大手進学塾の東京本部に採用されました。そこで出会った社会科主任・小林浩《こばやしひろし》先生から講義・執筆ともに学べるものは学んでしまいたかったので、それに時間を費やそうと決めたのです。卒業後はきっぱりと大学受験の予備校講師になるつもりでしたから。

大学も二年生までは一般教養課程だったからか高校の延長のようで、他学科を含め知り合いが増えました。**全国的知名度のある東京の私大に来て本当によかったことは、あらゆる都道府県から人が集まっていること**でした。現在では、早稲田ですら七割ほどを首都圏出身者が占め、（海外からの留学生はいても）国内多様性に乏しい状況ですが、まだバブルの余韻がある当時は違います。関西出身のぼくは、そもそも関東の文化だけでもテレビのような標準語に慣れず、ダシの色や雑煮《ぞうに》の違いを含めカルチャーショックを受けているのに、東北・中部・中国・四国・九州に北海道・沖縄、本当に日本はバラエティに富んでいることがよくわかりました。

そんな一・二年生の一般教養課程が終われば三・四年生の専門課程です。当時は就職活動の時期が今ほど早くなく、特に企業インターンの制度がなかったことから、三年生段階では精神的にまだ余裕でした。

少人数演習形式のゼミ〔ゼミナール〕は、例の伊藤玄三先生の考古学ではなく、佐々木恵介先生の日本古代史を選びました。三・四年生が合同形式のもので、関東の大学なのに奈良時代・平安時代好きの人が集まっています。佐々木先生は聖心女子大の助教授（現在の准教授）を本務とし、ゼミを担当するために法政にちょっとだけ来ていた、三〇代後半の気のいいオッちゃんでした。現在では聖心の教授として多数の古代史の本も出されている有名学者ですが、ぼくらはかなりいい加減なゼミ生で、夏合宿の研究発表の時間に外出したままだったこともありました。先生は優しくて（というか呆《あき》れ果てて）怒らない代わりに、明治卒なのになぜか法政に再入学したKさんという四〇代後半の元大手メーカーのサラリーマンに「だめだよ」と真面目な顔で説教された思い出があります。

ちなみにKさんはキャンパス全体でおそらく一人しかいなかった社会人学生で、その他には一人だけ、ご老人が聴講に来られたことがある以外は、大人を見たことがありません。当時は、誰でも行けるとはいえ、大学は大人が来るところとは思われていなかったのが実情でしょう。

ただし、いまこれを書きながら考えてみれば、ぼくが四三歳で早稲田を再受験しようと思ったとき、心理的なハードルを下げてくれたのは、このKさんかもしれません。彼は、一年時に多摩キャンパスで週一回あった体育の授業にもジャージで出てきて、皆と一緒に汗だくになっていました。堂々と皆に混じっていた。ぼくら一般受験組は入試が激戦だったことから、「(すでに明治を出ているのに)若者の席を一つ奪って大人気ない人だな」とちょっと軽蔑していたのですが、それは視野が狭かった……。ごめんなさい、Kさん。「極めてイレギュラーなはずの○○な人を見たことがある」という経験は、大きく人生を変えるのですね。

ちなみにぼくは、四年生時のゼミの夏合宿には仕事が忙しいという本末転倒な理由で参加していません。よく卒業単位をくれたな、と思います。佐々木先生は大学院生時代に河合塾で予備校講師もされており、ぼくが講師志望だと告げると「河合と駿台《すんだい》は院卒じゃないと直接は取らない風習があるから、早稲田予備校・城南予備校・四谷学院・みすず学苑《がくえん》とかの中規模校や早稲田塾・お茶の水ゼミナール・市進予備校といった現役専門予備校で経験を積んでから採用試験受けたほうがいいよ。んー、そもそも河合や駿台は教科主任制度があって、個人プレーが好まれないから、好き勝手やりたい賀一くんには合わない。院卒にこだわらないうえ連帯感もない代《よ》ゼミか……、そうだ、学校法人じゃない東進をゴールにするといいかもねえ。まだ新しいしチャンスもある。君は正直、飽きっぽいしいい加減だから研究者や教師にはまったく向かないけど、研究者崩れや教育者もどきじゃない、本物の予備校講師になれるよ。ようするにあれは人気商売で資格試験屋だから。それが誰よりもわかってるのは君だよ。ゼミや卒論と違って真剣にやってるみたいだし。がんばりなさい」と、皮肉交じりにすすめてくれた恩人です。

ぼくにとってそれは完全な褒め言葉で、東進ハイスクールに狙いを定めることになりました。恩師というのは本当によく人を見てくれているものです。

ということで四年生は就職活動をせず、いきなりフリーランスの予備校講師の採用試験を受けることにしたので、より一層講師の仕事に打ち込みました。講義スキルと、テキスト・模試の執筆スキルを鍛え上げるためです。

なので卒業までに残る授業は日本古代史（摂関政治）とゼミ（『続日本紀』関連の卒論）だけ。日本古代史に関しては、京都出身の自分は得意分野だと、舐《な》めて出席せず、年度末のテストや卒論一発で決めるつもりでした。

ここに誤算が二つ。

一つめが、夏休みに必修レポートが出ていたことを知らなかった！　最終授業の一回前にテスト情報を得ようと一月中旬に初めて出席してそれが判明。終了後、廊下で担当の非常勤講師の先生を追いかけ、正直に「今日初めて出席しました」「予備校講師になるため働くことに集中しゼミ合宿も夏期講習で行ってません」「出欠確認がないのでテスト一発だと思い込んでました」「テストがんばるのでレポート来週出してはいけないでしょうか」「とにかくすみませんでした」と人生をかけた必死の五連発で極限まで頭を下げました。

不思議そうに立ち止まり、焦りながら真剣に話すぼくを見つめていた年配の先生は、「そうですか、がんばってらっしゃるんですね。では来週、伝えておくので試験監督に出してください。テーマは平安時代なら何でもいいので。日本史の講師をされるのですか？」と落ち着いた声で返されます。

「はい！　日本史の講師になります！」と、ホッとしすぎて元気よく答えたぼくに優しいまなざしをかけ、「よい先生になってくださいね」と、本やプリントの束を胸にしてくるんと回り、ゆっくり歩いていかれる後ろ姿の神々しさに、涙が出そうになりました。後年調べたら（「Windows95」上陸はこの直後だし携帯なんて誰も使ってないので当時は検索する習慣なんてなかったのです）、東京学芸大学学長を三年前に定年退官され、帝京大学教授となって法政に一コマだけ教えに来られていた六六歳の有名学者・阿部猛《あべたけし》先生でした。もう亡くなられていますが、命の恩人に等しい先生で、ご著書をいまも本棚に飾ってあります。決して偉ぶらず、若者の可能性を潰さない、寛容さをもつ大人になろう、と思わせていただいた、一度きりの出会いでした。

二つめが、**卒業論文が意外と大変**だったことです。「天智《てんじ》系皇室の復活」という題で、奈良時代末期〜平安時代初期を扱った、原稿用紙五〇枚＝二万字以上が条件だったのですが、当時は手書きです。もちろん鉛筆はダメなので間違っても消せない。草稿を一度完全に書いて、先生に見せてアドバイスをもらって清書に移るはずが、ぼくは一発勝負で途中ほぼノー相談。というか、ゼミもせいぜい四回に一回、それも九〇分授業に一時間遅れで徒歩数分のマンションからビーチサンダルでぶらぶら訪ねていく不良学生です。

よく考えたら、大学四年生は、年間授業料はきっちり取られる割に週の授業はゼミ一コマが普通。ぼくみたいに三年生までに単位がそろわないと一コマ追加くらいがせいぜいで、コマあたりの授業料が年間数十万と超高い！　そして、ぼくは最初に住んだ有楽町線千川駅から大学までの地下鉄六駅一四分が人生の無駄づかい（あと痴漢に間違えられたら人生終わり）だと思い、二年生の冬に徒歩圏内に引っ越していますが、たいてい時間と交通費がかかる。すなわち、**大学の最終学年はコスパ〔コストパフォーマンス〕もタイパ〔タイムパフォーマンス〕も悪い**ということです。もちろん、授業を取るのは自由なので空きコマにいくらでも単位登録すればいいし、図書館・体育館・食堂・学生会館など施設利用も自由。**遊園地でいえばフリーパスを持っている状態なのに使わない学生が悪い**だけなのですが……。

話を戻すと、**読書感想文でもなければレポートでもなければ入試小論文でもないのが卒業論文**です。書いたことのある大人の読者は当たり前だと思われるでしょうが、同時代・同分野の知識があるうえで「先行研究を調べ」→それでもこうではないかと「仮説を立て」↓丁寧に「検証しつつ持論を展開」し↓とりあえずの「結論と今後の心意気と謝辞」を記し↓最後に「参考文献を掲載」することを忘れずに、という五段階を経て、さらに「口頭試問」が待つ、という苦行です。

一月中旬の火曜午前一一時に提出なのに、土曜の仕事後の飲み会終了後の夜中から本気を出し↓寝坊して日曜朝の塾の特訓講義に講師人生初の遅刻（東京都新宿区から埼玉県浦和市までタクシー九千円だったのを覚えています）↓月曜夜の講義終了後タクシー二千円で帰宅して徹夜↓午前一〇時五〇分に仕上げて提出窓口に向かうもゼミの同級生たちが待ち構えていて腕を引っ張ったりジャマしてくるのでマジ切れ（一秒でも提出期限に遅れると卒論は受け取ってくれない）、というあまりのギリギリぶりに、帰宅して鏡を見たら白髪《しらが》が生えていました。

その後に行われた口頭試問では先生に「もうちょっと論文の体裁整えたほうがよかったのだけど……まあいいでしょう」と、おそらく他の同級生のレベルも低すぎて落とすに落とせなかった&来年ぼくに会いたくなかった、の理由が半々くらいでB評価が来ました。

一九九一〜九五年の大学環境をずっと書いてきていますが、単位についても現在よりぜんぜんユルかった記憶があります。

たとえばぼくと同じ史学科で、仲も良くてゼミが同じだった男子Sは、佐々木先生から「(誰もやりたがらない)ゼミ長をがんばったら単位あげます」と約束され、本当にそれをがんばっただけで、間違えて中世の祇園祭《ぎおんまつり》をテーマにしたのに古代のゼミで単位が来ました。しかも口頭試問で「ぎおんまつり」を「ぎおんさい」と何度も言ってるのを、ぼくは順番待ちの際に聴いています。

そして卒論を提出してすぐの一月一七日。阪神・淡路大震災が来て、ぼくは塾の職員室でびっくり仰天。関西に大地震が起こるなどという発想がなかったからです。衝撃を抱えたまま仕事を続け、東京都の中学入試日程である二月一日〜五日までで、中学受験塾はきっぱり辞めました。

その後、フリーの予備校講師になるぞ、と受験した東進ハイスクールの講師採用試験では役員面接で「若すぎるからチューターから始めないか」ともっともなことを言われてあきらめ、朝日新聞の日・月にあった求人欄を見つめては、募集があればとにかく受けに行く、という生活を続けていました。そして「ＦＯＤ予備校」という名も知らない小規模予備校に拾われ、正社員に採用されたその日の夜から、月五〇〇時間以上の勤務を八年半も続けることになります。実は、この珍妙な予備校の実態は、東進ハイスクールの看板英語講師の一人である永田達三先生の私塾「永田塾」だったので、これをきっかけに東進へのチャンスが開けますが、その話はまたべつの本で。

さて、時系列を戻しましょう。

すぐ三月になり、五〇〇時間勤務なのに月収三万という地獄のような研修勤務中、二時間ほど時間をもらい、日本武道館であった卒業式に出て法政大に別れを告げます。ちょうど三〇年前のことです。ちなみにこの月の二〇日にオウム真理教徒による地下鉄サリン事件がありびっくり仰天。一般人に対する大規模な殺戮《さつりく》テロは前代未聞《ぜんだいみもん》でしたから……。一九九五（平成七）年は、一月の大震災・三月のテロと続き、バブル崩壊後の複合不況も本格化し、まさに世紀末。映画『マッドマックス』や漫画『北斗の拳』のようなモヒカン野郎たちがヒャッハーと暴れる最悪の世界が、本当に間近に迫っている、という様相でした。

というふうに長々と最初の大学時代を書いてきましたが、ぼくが「**学びはそっちのけで将来の職業の準備しかしていない**」ことはおわかりでしょうか？　肉体的にも精神的にも忙しく、アカデミズムの欠片《かけら》もない。まるで落下傘で資本主義の戦場に降りる直前、飛行機の上で少しでもよいタイミングとポジションを得ようと押し合いへし合いしているような感じ。ぼくにとっての大学生活は社会に出るまでの不安でやけっぱちなモラトリアム期間にすぎなかったのです。

手に入れたのは、**学士（バチェラー）**という資格だけでした。もちろんこの資格は日本ではもっとも有効とされるものの一つで、これがなければ現在のぼくは絶対になく、行ったことに後悔はしていませんが、**何かをちゃんと学んだな、という感じは毛ほどもありませんでした**。唯一あるとすれば、高校までの「勉強」と大学の「学問」はぜんぜん別のものだと気づかせてもらったこと。当時はそれだけで十分だったのです。

知らないことだらけ——「学び」のおもしろさに気づく

その後のぼくの人生はというと、大学卒業後の二二歳で大学受験塾の会社員＋予備校講師、三〇歳で校舎長も東進ハイスクールの講師も辞めて国内各地・各産業を住み込み労働する旅に出て、三二歳で四国八十八カ所の歩き遍路も結願《けちがん》、三四歳で東京に戻り予備校講師＋ホテルマンとして働き、その年の冬、三五歳で結婚しました。復帰した直後で講師の仕事が少なく年収は四〇〇万を切っていたので、仕事の合間に鎌倉の鶴岡八幡《つるがおかはちま》宮《んぐう》で結婚式をしただけで、披露宴はしていません。

しかし、週一から始めた秀英予備校は翌年から仕事をたくさんくれたし、池袋の私塾・The☆WorkShopや日本橋の北予備東京、私立高校の課外講義（東京成徳・和洋女子・佼成《こうせい》学園女子・土佐塾など）に出講し、担当科目を拡大して世界史・倫理・政治経済も教えることになったので、あっというまに年収は三倍・四倍と増えていきました。三八歳で中経出版（現在はＫＡＤＯＫＡＷＡ）から初の著書として日本史問題集を出し、二冊目の文庫『世界一おもしろい日本史の授業』が当たったことで、年収は結婚当初の五倍・六倍に……とある程度順調に進みました。といっても、三〇〇〇万は超えない程度でした。当時は、予備校業界ではそこそこ有名だけど著者としてはまだまだ、というレベルで、道を歩いていても声をかけられることはまずありません。

また、四〇歳でリクルート「受験サプリ（現在のスタディサプリ）」社会科の立ち上げメンバーとなった時、利益相反を避けて司法試験予備校をのぞくすべての教壇を降りたので、年収は結婚時レベルに逆戻りしましたが、英語の関正生先生・肘井学先生、数学の山内恵介先生、古典の岡本梨奈《りな》先生、化学の坂田薫先生、世界史の村山秀太郎先生など人気・実力のある先生方や社員さん、映像スタジオや印刷会社の方々とともに一丸となってがんばり、サービスは数年で軌道に乗りました。

出版はもちろん続けつつ、さらに同時並行で、シニア施設・カルチャースクールなどの講師に進出し、CS放送局の演者や広報の仕事もやり、フリーランス講師&著者として何とか仕事が軌道に乗ったな、と思ったのが四三歳になる二〇一五（平成二七）年でした。たまに地上波テレビや新聞・雑誌に出るようになったこともあり、道を歩いていれば、毎日数名に声をかけられる、というレベルになりました。まあ、とりあえず食べてはいける。

となるとここではじめて、**大学時代に「学び」が足りなかった**ことが気になりだしました。さらに第一志望に落ちたままだと気持ち悪いな、という感覚も強く、二五年ぶりに早稲田大学教育学部を再受験することにしたのです。

ぼくは非常に職歴が多く、塾講師・家庭教師のアルバイト、大学予備校の正社員・非常勤講師、司法試験予備校・シニア施設・カルチャースクールといった教育・資格産業の他に、三〇歳以降は順に……夜の接客業・温泉旅館・農業・水産業・土木作業・路上営業・自動車工場・ドライブイン・屋台・書店・プール・遊園地・駐車場・飲食店・電話受付・シティホテル・CS放送局などに勤務し、さらに企業広報・プロレスのリングアナウンサー・ラジオパーソナリティ・ライター・著者・テレビや映画の出演者など大量の職種を経験してきました。そのような経験を活かして、「複業家」という肩書で、厚生労働省委託の「労働条件セミナー」講師として各地を訪れ、テキスト検討委員などもやっています。

これら、**第一次産業**（農林水産業＝原料を生み出す）・**第二次産業**（鉱工業・建設業＝製品を生産する）・**第三次産業**（商業・サービス業＝原料や製品をモノとして売る＆接客や保険などのサービスを売る）を経験したからこそ、やはり「**知らないことがたくさんある**」と痛感したわけです。

東進・ＴＯＭＡＳ・秀英・辰巳法律研究所・スタサプなどで全国に向けて映像授業を配信してきた自分は第三次産業の極致といえる教育サービス業者ですが、「先生」として何でも知ってるような顔で、各地のさまざまな職業に従事する人のお子さんさんたちに、偉そうに話している。本当は知らないことがたくさんあるのに先生と呼ばれている。もともとそこに決定的な違和感があったからこそ、三〇歳で退職して旅に出たり、帰京後もあえてさまざまな職業を経験し続けてきたわけですが、それを本当の意味での「**学び続ける**」に昇華しなければならない、と思ったのです。

この本も「学び」という言葉を題名に入れていますが、ぼくが思うに、そもそも人間の根源的な疑問は、「一三八億年続くこの宇宙でぼくら地球の生命体は果たして孤独な存在なんだろうか？」だと思います。次に、「四六億年続くこの地球でなぜ人間だけがこんな生き物なんだろう？」が続くはずです。そしてさらに、「この世界は偶然できたにしては美しすぎる＆悲惨すぎるよね？」と天国＆地獄や神々を設定し、「万物の根源

〔アルケー〕とはなに？」というギリシア自然哲学、「人はどう生きるか」という哲学・倫理学、ユダヤ教・キリスト教・イスラームのような「唯一・絶対の神」を研究する神学へ……etc.

と難しく説明することもできますが、突き詰めれば疑問が欲求に代わり「**もっといろいろ知りたい！**」「**知れば気持ちいい！**」が、「学び続ける」動機の本当のところでしょう。少なくとも、ぼくはそうでした。「学び」は大それたことじゃなく、**単純におもしろい**。そのことに、やっと多少は人生の余裕ができた四三歳の段階で気づいたということです。

現代では「学び続ける」のは必須——VUCAの時代

「はじめに」でも少し書きましたが、「なぜ受験の社会科講師なのに専門以外の教育学部や理系に？」「なぜ大学院ではなく学部にいくつも行こうとするの？」とよく聞かれます。

聞いたことがありませんか？　現代社会は「**VUCA**《ブーカ》**の時代**」と呼ばれます。VUC

Aとは、volatility（変動性）、uncertainty（不確実性）、complexity（複雑性）、ambiguity（曖昧性）という四語の頭文字を取ったビジネス用語で、簡単にいえば「**予測不能な時代**」という意味です。

二〇世紀末、アメリカ発のＩＣＴ（情報通信技術）革命が瞬く間に世界を席巻し、現在は、あらゆるものがネットにつながるＩｏＴ（モノのインターネット）は常識、ＡＩ（人工知能）が駆使される「第四次産業革命」が始まっています。ちなみに「第一次産業革命」は一八世紀後半、イギリス発の軽工業の機械化、「第二次産業革命」は一九世紀後半、アメリカ・ドイツが牽引《けんいん》した重工業の機械化です。さらに「第三次産業革命」は二〇世紀、第一次・第二次世界大戦後の消費拡大を中心とする経済成長のことです。最近、世の中のデジタル化が早すぎてついていけない、と感じている人も多いのではないかと思いますが、**デジタルディバイド（情報格差）**は大きな社会問題になっています。

そして世界は、一九八九年の東西冷戦終結後にアメリカ一強の「**ボーダーレス化（一体化）**」が進むはずが、民族紛争・宗教紛争などの地域紛争やテロは止まず、中国は急成長し、北朝鮮やイスラエルは誰の言うことも聞かず、政治未経験の不動産業者がアメリカ大統領となり、新型コロナウイルス感染症のパンデミックを契機に、「**ボーダー化（分断化）**」を加速させています。「誰一人取り残さない」というスローガンで、二〇一五年に国際連合で設定された一七のＳＤＧｓ（持続可能な開発目標）は、言葉だけが先走りしているようです。

日本国内に限っても予測不能のことはいろいろと起きています。たけし軍団のそのまんま東が宮崎県知事・東国原《ひがしこくばる》英夫になり、テレビ番組「行列のできる法律相談所」でお茶の間に登場した茶髪弁護士だった橋下徹《はしもととおる》が大阪府知事のち市長になり、「ダンス甲子園」のメロリンＱがれいわ新選組代表・山本太郎になり、病で退陣した安倍《あべ》晋三《しんぞう》が歴代最長政権を築いた後に暗殺されるなど、誰が想像したでしょう？　政治の世界もこれまでとは変わってきています。

強烈な円安と足元の物価高を背景に、インバウンドの訪日外国人は三六〇〇万人を超えて、首都圏や関西圏に限らず各地でオーバーツーリズム問題を引き起こし、暑すぎる夏と寒すぎる冬がきて、紙の新聞・雑誌・書籍、テレビは「オワコン（終わったコンテンツ）」などと言われて久しいです。

そんな「**予測不能な時代**」**だからこそ、ぼくは「広く浅く」学びたい**。そして頭も大事ですが体も大事。ぼくはどうせなら、文理・文武・心身のバランスがよい人になりたい。体育会系の育ちだったからこそフィジカルの重要さは痛感していますし、どうも体育会系のノリからは抜け出せないのですが、どうせなら品のいい体育会系になりたい。

これが、ぼくが、上下左右にレンジを広げつつ「学び続ける」理由です。

なぜ大学にこだわるのか？——自分にとってのモアベター

ぼくが、大学という高等教育の現場にこだわるのは、いくつか理由があります。

まず、受験産業のポジショントークではなく正直に、高校すなわち中等教育までの内容は、昔と違い、市場に淘汰《とうた》されてきた質の良い参考書や音声・映像教材が豊富で、自学自習が可能だからです。高校レベルのことを勉強したい人はまずは自分でやってみるのがいいと思います。もちろん真偽不明のYouTube動画なんかには気をつけたほうがいいですが、少なくとも書籍も含めてお金を取って事業として成り立っているものは、玉石混淆《ぎょくせきこんこう》とはいえ、それなりの質は担保されています。

次に、大学はそこまで敷居の高いものではなく、特に文系においては市民講座やカルチャースクールの延長線上にあるとぼくは思っているからです。ただし、講義している人が、博士号（少なくとも修士号）をもつ専門研究者という安心感があります。

大学に行ったことのない人が想像している大学像は、おそらく大学院だと思います。研究をして、学術的に新しい発見をして、というのは大学院に入ってからやることです。正直、ある程度真面目にやっていれば、留年することはあっても、普通に卒業して学士号は取得できます。

最後に、大学は少なくとも「**自分にとっては**」得られるものが多いからです。年齢・職業を考えたとき、コスパ・タイパともに、ベストがどうかは知りませんが、大学に行くのがモアベターな状態だと判断しています。

この部分については、詳しくは第2章で扱いたいと思いますが、「学び」の形はいくつもありますので、大学に通うことを無理にすすめたいわけではありません。高校レベルのことを甘く見ているわけではもちろんありませんし、人それぞれ抱えている事情は違ううえに、はじめにで書いたように「言うは易《やす》く、行うは難《かた》し」。理想と現実は乖離《かいり》しているのが世の常ですからね……。

事情は、外からの要因によっても変わります。たとえば二〇二〇～二一年度は、コロナ禍で緊急事態宣言が何度も出るなどの影響があり、大学の講義は一気にオンライン化が進みました。ぼくは埼玉県の自宅以外に借りていた西早稲田のマンションには一度も泊まる機会がないままで、いつ対面授業が再開されるか不明なので解約もできず家賃が丸ごとパー。友人や後輩、先生方に会うこともなくなり、図書館も生協も学生ラウンジも使えない日がほとんど。

しかも、オンライン授業に不慣れな先生が八割、いや九割方で、正直講義が下手くそすぎて聴いてられない……。なのに学費や施設利用日は今までどおり。

誰が悪いというわけではないのですが、納得がいかず、「これでは大学に行った価値がない」と憤慨したぼくは、自主的に休学し、語学での留年にプラスして結局もう一年卒業が遅れることになったのです。

大学の価値は、「自分にとっては」キャンパスに行ってナンボだったのだなあ、と今も書きながら痛感していますが、元スタサプ生で教え子でもあった二学年下の後輩・法学部のKさんは「オンラインでラッキー」「就活もあまり行かなくてよくて楽」と大喜びで、二留したぼくと一緒に卒業していきました。

本当に人それぞれですね。

学歴社会は終わった?――学歴は武器じゃなく防具

人それぞれといえば、よく「学歴社会は終わった」「今の時代に大学なんて行っても意味ない」「現代に学歴は必要ない」という高学歴インフルエンサーなども多いですが、それこそ人それぞれです。

確かに、野球選手の大谷翔平《おおたにしょうへい》や棋士の藤井聡太《ふじいそうた》に「大学に行け」という人はいませんが、ニュース番組やワイドショーに並んでいる専門家が「大学に行っても意味ない」なら、彼らにそこに座る権利はありません。

学歴について考えると、正直、芸能人やスポーツ選手としての実績、職人としての腕や国家資格がなければ、今の日本で中卒のまま食べていくのは厳しいですよね。それは、高等学校等への進学率が約九五パーセントで、「皆が行ってる」状態だからでしょう。

大学の場合はどうでしょう？　進学率は約五九パーセントです。都市部では七〇パーセントを超えても、三〇パーセント台の地方もざらにあります。短大卒の人も女性を中心に残っていますし、理美容・料理・医療事務などをはじめとする専門学校に行って手に職をつけて食べている人もいれば、高卒で家業を継ぐ人もいます。看護師や介護士の学校だってニーズは高い。たしかにそういった形で「食える」人たちにとっては高卒や専門学校卒で十分で、大学進学は不要という話もうなずけます。

ただ、もしもの話ですが、大学無償化となり授業料がかからないなどの状況になることがあれば、本格的に社会に出る前の経験値として大学はおすすめです。学問・スポーツ・芸術に触れたり、さまざまなアルバイトを経験したり、利害関係のない多くの同世代と触れ合えたりする四年間は、男性の平均寿命が約八一歳、女性の平均寿命が約八七歳と長寿国の日本において、貴重な期間となることでしょう。

大学受験業界が長いぼくは、生徒さんに「**都会の学歴は地方の自動車免許・マイホームと同じ**」と説明することがあります。これは「持っている人が多い」ということです。もしあえて持たないなら、それなりの覚悟が必要です。ぼくは、リスクとコストが自分の価値観に見合わず免許を取ろうと思ったことがないし、家についても一生賃貸派です。これは都市部以外ではかなり変人扱いされますが、それでいいんです。同様に、都会で高卒は少数派。専門・短大・大学のいずれかを出ている人がとても多いです。「自動車免許・持ち家なしで地方で暮らす覚悟」と「学歴が低い状態で都会で暮らす覚悟」は同じくらいと、まあまあ現実的な意見だと自分では思っています（Xでつぶやけば炎上しそうですが）。

あと、誤解が多いのですが、**世間でいう「学歴」の要素の半分くらいは、おそらく大学の「学校歴」**です。本来、学歴とは、中卒・高卒・専門卒・短大卒・大卒・大学院修士課程卒・大学院博士課程卒の差のはずです。ところが、GMARCHより早慶が上、地方国立より東大が上、のように学歴という言葉を使うことが普通ではないでしょうか？　たとえば「霞ヶ関《かすみがせき》の官僚は東大卒が多いから高学歴」という言葉を欧米人が聞けば、「え？　学部卒でしょ？」となります。

今や、レア感に欠ける「大卒」カードは、「武器」ではなくて「防具」レベルです。

特に、**学歴がなければ食べて行けなさそうな人にとっては、社会保障（ソーシャルセキュリティ）の一種**といっても差し支えないのではないかとすら、ぼくは思います。見た目が良く、体力があり、腕っぷしが強い、度胸と愛嬌《あいきょう》もある、実家が太い、このような遺伝や生まれのいわゆる「ガチャ」的プラス要素が少ない人にとってこそ、すごく有効な「防具」になる、その程度で捉えるのが、令和の現代社会においては適切なのかもしれません。

最後に参考までに書いておくと、**大学の難易度と教員のレベルは関係ありません**。どんな難易度の大学にも、旧帝大などの難関大学で博士号を取った教授・准教授・専任講師・助教はゴロゴロいます。実際、早稲田も先生たちの半数は他大学出身の人たち。法政にいたってはぼくの在学当時は「東大植民地」と呼ばれていたほど東大卒の先生方が多かった。優秀な先生に学べるのですから、学生側からすれば、ラッキーといえることかもしれませんね。河合塾の全国統一模試で偏差値が三五以下のボーダーフリー（BF）、通称「Fラン」大学も、名だたる名門大学のオーバードクターの人たちの雇用先として大事な部分も大きく、行く学生は何も悪くないと思います。優れた先生について、堂々と勉強してください。

また、入試問題に関しても、作成する側のメンバーがこれですから、そのレベルが必ずしも大学の難易度に比例しているわけではありません。難関大学であっても過去問を見てみると意外と基本的な問題が多かったり、逆に中堅以下の大学でも日本史だけは異様に難しい大学があったりと、それは実際に過去問を見ないとわからない……。各大学によって対策が一筋縄ではいかないからこそ、（ポジショントークかもしれませんが）大学受験予備校・塾の存在意義もあるのです。

「学び続ける」にあたって、もともとの思い込みや狭い情報に振り回されることなく、冷静に自分で判断していくことは非常に重要です。

コラム①初めての学校——幼稚園

コラムでは、ぼくの学びの原体験である、子ども時代に通った各学校の話を書いていきます。ただの思い出話にならないように、できるだけ当時の背景や社会情勢もまぜつつ進めていきましょう。

ぼくは、一九七二（昭和四七）年に、京都市のすみっこ、西京区《にしきょう》の桂《かつら》というところで三人兄弟の次男として生まれました。なぜか男女ともに一年中ショートパンツいっちょで過ごす、という風変わりな「はだか教育」を行う**私立・西山幼稚園**の二年コースに入園し、徒歩で通っていたのですが、数か月で市の中心部、中京区《なかぎょう》の壬生《みぶ》に引っ越します。そのまま二年近く私鉄の阪急電鉄で三駅の距離を通い、卒園しました。全体としては平和な空間でした。

西山幼稚園は、浄土真宗本願寺派の直属寺院・西山別院が運営する大きな幼稚園で、浄土真宗（一向宗）の開祖・親鸞《しんらん》を初代とする本願寺三代・覚如《かくにょ》の廟所《びょうしょ》もありました。仏教発祥の地のインド風にしたいのか、大きな檻《おり》で雄雌のクジャクが飼われており、いたずらが過ぎると「クジャクの檻に入れるで」と先生たちから冗談ぽく脅されたことを覚えています。はだかの園児とクチバシの鋭い巨大なクジャクでは勝負にならず、震えあがりました。

ちなみに西山幼稚園は、おそらく盗撮する犯罪者を避けなければならないという事情もあり、さすがに「はだか教育」は止めていますが、いまも半そで半ズボンで、バリバリ健在です。

そうだ、みなさん。江戸時代に各地にあった「寺子屋」は「寺小屋」ではないのはなぜか知ってますか？　答えは、もともとお寺が関係者の子どもたち＝寺子を預かり教育したから。

仏教に限らず、さまざまな宗教団体が学校を経営する伝統は、いまも続いており、キリスト教系や新宗教系の学校出身の人もいらっしゃるでしょう。

たとえば、浄土真宗本願寺派の本山・西本願寺は、京都の龍谷大学を筆頭に、さまざまな大学・高校・中学・小学校・幼稚園からなる龍谷総合学園を全国各地で運営しています。龍谷大学だけでなく、東京都の武蔵野大学、岐阜県の岐阜聖徳《しょうとく》学園大学、京都府の京都女子大学、大阪府の相愛大学、兵庫県の兵庫大学、福岡県の筑紫《つくし》女学園大学と傘下のグループもその一員です。

ちなみに高校野球で有名な、龍谷大平安高等学校・中学校の山脇護《まもる》校長は、ぼくの従兄にあたります。市立・西京《さいきょう》商業（現在の西京高等学校）進学校化の立役者の一人として教頭まで務め、市立・堀川音楽高等学校の校長で定年を迎えた後、私立の龍谷大平安に招かれています。十数歳上の誠実かつ真面目な従兄が高校教員だったからこそ、小中学校時代から学校の先生という職業に興味はありましたけれど、ぼくは結局、教員になりませんでした。自分みたいなちゃらんぽらんが教員になってはいけない、と高二で思い直し、教育者ではなく資格試験講師と芸人の中間的存在の予備校講師を選んだのです。

あ、あと、ぼくは幼稚園でしたが、保育所（保育園）に通っている人もいました。現代ほど共働き夫婦が多かったわけではありませんが、いつの時代でも色んな家族のかたちや子育てがありますからね。

ここで、幼稚園と保育所の違いを知っておいてください。

幼稚園は文部科学省所管の学校教育施設で、**幼稚園教諭**がそのまま「先生」とよばれます。通っているのは小学校就学前の三歳～六歳の幼児です。それに対し、**保育所はこども家庭庁所管の児童福祉施設**で、**保育士**が「先生」とよばれます。通っているのは小学校就学前の〇歳～六歳の乳幼児です。さらに現在では、**幼稚園と保育所の機能を合わせもつ「認定こども園」**もあります。これは、こども家庭庁所管の学校教育・児童福祉施設で、幼稚園教諭資格や保育士資格をもつ人が「先生」です。そして、**幼稚園・保育所・認定こども園の共通点は、義務教育ではないこと**です。小学校就学前の乳幼児は、ずっと家や公園や公民館で過ごしたっていいんです。

まとめると、ぼくはたまたま、幼稚園という義務教育ではない「学校」で幼少期は育ったということです。しかも私立。家にどのくらいお金があったかは別として（家計のつかいかたは各家庭バラバラですから）、教育環境としては恵まれていたほうだといえるでしょう。

第2章　学び続けてよかったこと・わかったこと

学び続けてよかったこと――学問と仕事は相乗効果

四三歳で大学に再入学して四九歳で卒業、そしてさらに資格試験を含め受験しようとしている、というふうに「**学び続ける**」**メリット**を、プライベート面・仕事面に分けて書いていきたいと思います。

まず、**プライベート面でのメリット**は、第一に、**出会いが増えた**ことです。大学教授、先輩・同級生・後輩。もちろん外国籍の先生や留学生もいます。卒業した後も付き合いが続く場合も多いです。

ぼくの場合、特筆すべきは所属ゼミの恩師で、年齢的にはぼくより一六歳上の小林敦《こばやしあつ》子《こ》先生。「脚でかせぐ」をモットーとする小林ゼミに所属したことで、仕事と関係なくフラットにさまざまな人と交流していくためのフットワークが軽くなりました。

また、ゼミでの合宿先だった広島県の大崎上島町《かみじまちょう》にある県立大崎海星《かいせい》高校を中心に、「地域魅力化プロジェクト」に関わる地元の方たちとつながれたことも、本当に大きいことでした。今でもこの魅力的な瀬戸内海の離島を毎年訪ね、交流を深めています。

あと、早稲田の大先輩にあたる、往年の駅伝&マラソンスター・瀬古《せこ》利彦《としひこ》さんに会えたのは奇跡でした。ぼくが一〇代のときに早稲田を志望することになったのは、瀬古選手に憧れたのがきっかけです。小学校の卒業文集にも写真のように書いているくらいですが、なんと留年一年目の学園祭（早稲田祭）で運営スタッフに依頼された講演企画がかぶり、控室でお会いしました。「瀬古さんの影響で早稲田の教育学部志望になりました。でも一八歳の時に落ちて二五年後に入り直しました」と緊張しつつ伝えることができて、感無量でした。瀬古さんには「ぼくも浪人して一般受験で入ってるんだよ、うれしいね

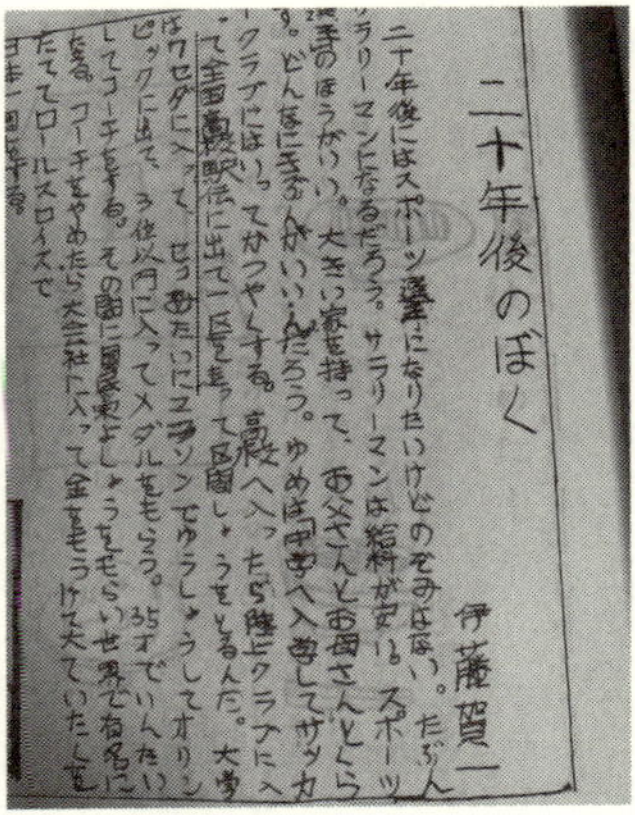
二十年後のぼく

伊藤賀一

二十年後にはスポーツ選手になりたいけどのぞみはない。たぶんサラリーマンになるだろう。サラリーマンは給料が安い。スポーツ選手のほうがいい。大きい家を持って、お父さんとお母さんとくらす。どんなにお金がいいんだろう。ゆめは中学へ入学してサッカークラブにはいってかつやくする。高校へ入ったら陸上クラブに入って全国高校駅伝に出て一区を走って区間しょうをとるんだ。大学はワセダに入って、セコさんみたいにマラソンでゆうしょうしてオリンピックに出て、3位以内に入ってメダルをもらう。35才でいんたいしてコーチをする。その間に国民栄誉賞をもらい世界で有名になる。コーチをやめたら大会社に入って金をもうけて大ていたくをたててロールスロイスで日本一周をする。

小学校の卒業文集

え」と名刺を頂き、すぐに実家の母に「中国語落として留年してよかったわ」と電話したことを覚えています。

第二のメリットは、学力がそれなりに高い二〇**歳前後の若者のトレンドに詳しくなったこと**です。さすがに毎日二五歳ほど年下の学生と一緒にいれば、言葉づかいをはじめ色々と影響を受けます。一限に遅刻した時にふつうに「絶起〔絶望の起床〕」と言っている自分に気づいたときは驚きでした。

第三のメリットは、**どう見られるかや他人の気持ちを気にするようになった**ことです。簡単にいえば、身だしなみにはかなり気を付けるようになりましたし、その重要性がわかりました。ぼくは学内のどの学部にもスタディサプリの生徒さんがいるので味方のような存在が多く、幸いにもアウェー感を感じたことはありませんが、それでも大学やゼミというコミュニティに社会人学生として所属している人間は少数派。せめて嫌われないようにしよう、という意識は自然と働きます。違う世代の人や違う文化を持った人たちと交わろうというときに、見た目を意識することは大切です。ファッションや身だしなみは「敵ではない」「悪意はない」ことを示す自己表現になりますから。

さらにそれに関連して、**自分の年齢を事実として素直に認められるようになった**こともあります。大学に行き直したい・今から初めて行きたいという人の中には「青春を取り返そう」という意識の人もいますが、ぼくの感覚としては、「学び続ける」ことだけを考えて通っていたことが功を奏して、落ち着いた楽しい学生生活を送れたのだと感じています。社会人学生はあたたかく受けいれられますが、同じ世代だと思われることは当然なく、学生時代にありがちな恋愛や金銭トラブルに巻き込まれることなどもありません。実際は大学に行ったことで逆に、自分がいい年齢の大人で、若い人とはちがう形での世の中での役割や立ち回りがあることを感じ、それをやるべきだと思うようになりました。**年齢に負けじと、ではなく、その年齢にふさわしい大学での学び方があるのです。**

また、学生の立場ながら、教員の先生方と名刺交換をして仲良くなることが多く、「学生だけどやはり大人は大人」と痛感することになりました。これもたまに聞かれますが、女子学生にドキドキして困るなんてことは絶対にありません。

第四かつ最大のメリットとして、受験や通学を通じて**さまざまな「学び」への興味が広がった**ことがあります。早稲田の受験勉強では、専門の社会科はさておき、久しく放置していた英語と国語を中学レベルからやり直すことにしました。勉強を進めていくと、自分が生徒時代にどこでつまずいていたのかが、手に取るようにわかります。

もちろん老眼が始まり、暗記力や机に座る体力は落ちているので、覚えられない＝成績がなかなか上がらないことにイライラはします。それでも語学や古典の楽しさに気づきました。定期的にＴＯＥＩＣを受けるようになったり、百人一首や漢詩の本を読んだり、今度は漢字検定（漢検）を受けてみようかな、と考えたりする大きなきっかけとなりました。教育学部に入学後は、文理を問わずたくさんの教養科目が選択できたので（必修の多い法学部だとこうはいかないのでこれは教育学部の良さだと思います）、哲学・政治学・法学・地理学・天文学・地学などを選び、大いに刺激を受けました。

とくに、当時は非常勤講師だった文学部の岩川ありさ先生の「ジェンダー・スタディーズ」は、これだけでも大学に再入学した価値があったな、と思わせるほどの、真摯かつ誠実な講義でした。

仕事面のメリットは、第一に、**仕事の種類が増えた**ことです。

たとえばぼくは、入学してしばらくすると、「早稲田ウィークリー」という学内WEB媒体に特集インタビューを掲載してもらえました。そしてそれを偶然見た編集者の坂《さか》口惣一《ぐちそういち》さん（現在は軽井沢の出版社・あさま社の社長）が、『ニュースの〝なぜ？〟は日本史に学べ』（SB新書）の執筆を依頼してくれたのです。新書は以前から書きたかったのですが、きっかけがありませんでした。大喜びで引き受けて書いたところ、これがそこそこ売れました。それで次の『47都道府県の歴史と地理がわかる事典』（幻冬舎新書）の持ち込み企画が通り、発売時、見城徹社長のご厚意で新聞に全五段広告を打っていただけたこともあってずいぶん売れたため、以後、各社から新書の依頼が来るのは普通になりました。だから今この本を書けているのですね。

また、一年秋学期の選択授業で一緒になった政経学部の社会人学生（珍しい！）がたまたまラジオプロデューサーの小笠原悠輝さんで、翌年秋から調布FMで『伊藤賀一のPM11』という三〇分の冠番組を六年半も担当させてもらうことになりました。早稲田に行っていなければ、絶対になかった話です。

これらは、ぼくがもともと予備校講師という特殊な個人事業主だったからということもあるとは思いますが、企業に勤めるサラリーマンの方でも、さまざまな形で仕事の種類や幅が増えることにつながると思います。

第二のメリットは、あらゆる仕事の現場で**大きなプラスのネタ**になったことです。大学に行っていて、と話すと、「え？　大学もう一回行ってるんですか？　そりゃいい！自分も行きたいなあ」というふうに言われることが普通です。それは仮に大学院であれ同じだと思います。「なんでまた（苦笑）」「今さら行ってどうするんですか（笑）」「学歴ロンダリングじゃないの？」的な反応は皆無です。仕事ができる人ほど、成長するためにもっと学びたいと思っているのか、好意的な反応が返ってきます。

あとは、仕事上のヒントがそこらじゅうに転がっていることです。先ほどプライベート面でのメリットにも「二〇歳前後の若者のトレンドに詳しくなった」と書きましたが、ぼくの場合、学生がこんなに紙の本・漫画・新聞・雑誌を読まず、ほとんどTVを見ないのか！　と衝撃を受けたことで、紙媒体を重視する姿勢は崩さないまでも、ネットメディアも絶対にあなどらないという意識に、すぐ転換しました。

また、そういった大きな話に限らず、「紙の辞書を誰も使っていない」「PCを出してノートを取っている風《ふう》の学生の大半が内職」「LINEで告白してLINEで別れる」「金欠アピールの割に定価でカップ麺を買う」など、世代間ギャップがてんこ盛りなので、いつか色々と本に書いてやろう、と思っていたらこの本の企画が来ました（笑）。

よく考えれば当初は、合格してうれしいしやる気もあるとはいえ、朝から夕方にできるはずの仕事を泣く泣く削るという葛藤もあったのに、結果的には、**大学で新たな出会いがあったことで仕事も増えました**。

ただ、一年生〜三年生までは、授業が毎日あっても、二限（当時は一〇時四〇分〜一二時一〇分）までで終わる日を平日に一日、土曜に一日キープしたので、その日の午後にシニア施設での講義とカルチャースクールでの講義を入れることができました。

また、早稲田文系の場合、必修授業が入るのは四限（当時は一四時四五分〜一六時一五分）までのことがほとんどなので、一六時半以降の夕方からの仕事は入れられます。ぼくはスタジオで連日スタディサプリの収録をしていました。

実際、体力さえあれば、朝と昼に授業を受けて、夜に働いて、夜中か早朝に課題をすれば大学には通えます。キツそうに見えますが、**夏休みが二か月、冬休みが二週間、春休みが二か月、日曜や学園祭の日（祝日は意外と授業がある）を加えれば、計五か月は休み**ですからね。

ただし、自宅が遠方だったり、教職課程を追加で取ったり、そもそも理系だったりすると、なかなかしんどいかもしれません。通学に一時間ちょいかかっていたぼくも、三年生からは徒歩で通える西早稲田にワンルームマンションを借りました。とはいえ、妻もフルタイムで働いており、保育園に預けている小さな娘と息子もいたので、結局ほとんど泊まることはなく、空き時間の休憩所として使っていた程度です。

その頃は、今よりは少し若かったからか、体力よりお金のほうが大事だというのが、夫婦に共通する価値観でした。しかしコロナ禍を経てそれぞれ五二歳と四五歳になった現在は逆で、体力を温存するため（≒時間を確保するため）、お金の部分をあきらめることが多くなりました。

大学での「学び直し」は、その時々の年齢や家庭環境によって、適する形態が変わってくるのです。これはもう各個人と各家庭でよくよく話し合って自分たちにとってのベターを選択していくしかありません。

学び続けてイマイチだったこと――何かは犠牲になる

次にマイナス面について。まず、**プライベート面のデメリット**は、第一に、**家族と過ごす時間が減った**ことです。受験勉強中の秋に娘、二年生の秋に息子が生まれたばかりでしたから、これは色んな意味で痛恨。当時、妻は隣駅の大企業でフルタイム勤務でしたから、駅前の保育園やこれまた隣駅に住む義父・義母に頼ることが多かったですね（ぼくの父・母は京都住みなので物理的に子育て部分で頼ることはできませんでした）。

妻が正社員、というのは、こちらが仕事時間を削って「学び直し」をしている間は社会的・経済的安定要素になります。ぼくはフリーランスで信用がないので、賃貸マンションを借りる時などは助かりました。しかし、仕事と子育てでフル回転の妻は、それはそれは大変。だから義父・義母が近くに住んでいたことは、ありがたかったです。でもいなかったらどうしていたんだ、とも思います。

あ、あと、「四〇代の父親が大学生」というのは、保育園を探したり継続したりするとき、普通の共働きに比べると条件が不利です。専業主夫のように見られてしまいますからね。たまたま自宅が都内ではなく、そこまで「保活」が大変じゃなかったこともラッキーでした。

でもこのようなことは、子持ちだからこその時間的・経済的なデメリットで、独身やいわゆるDINKS（ダブルインカムノーキッズ）であったなら、ぼくの場合の「学び直し」にとくに問題はなかったと思います。

でもやっぱり多くの人の場合は、仕事をどうするかが一番大きな問題になるでしょう。実際、妻が三〇代前半の時、GMARCH某校の史学科卒でありながら昔から絵を描くことが好きだった彼女は、武蔵野美術大学の通信課程に働きながら入学したことがあります。ただし、本人が仕事で疲弊して、必修単位を落として留年が決まった時に、卒業をあきらめて中退してしまいました。

通信課程は普通課程に比べるとまた違う意味で厳しいです。まず、長期休暇時などにスクーリングは少しあっても、キャンパスに常時通学しているわけではないので、教員・同級生・先輩・後輩・留学生と話すような時間が少なく、孤独になりがちです。教員免許を取るなどの明確な目的や、絶対四年で卒業してやる等という気合と根性がない限り、**モチベーションの維持が難しい**。

そして、入学難易度は普通課程よりかなり低かったり、選抜がなかったりする割に、**単位認定や卒業認定は異様に厳しい**です。うがった見方かもしれませんが、先生方からしても、新卒就職が決まっているわけでもない社会人相手だと、一切の温情なくガチンコで「アカデミズムとは何ぞや」という火の玉ストレートを、全力で投げられるのではないでしょうか？

このように、そもそも通信課程の大学を卒業するのはどこも大変です。たとえば「慶應や武蔵美の通信を出た」「放送大学で学位を取った」と言えば、相手が事情通なら「それはすごいですね」と褒められます。通信の大きなメリットは、受験勉強の必要がほぼなく、時間の自由が利き、学費が安い、すなわち「タイパやコスパがいい」ことですが、舐《な》めてかかると痛い目に遭います。

さて、プライベート面の第二のデメリットは、学生と仕事・家庭を両立していることから、そりゃもう**常に眠い**ことでしょうね……。正直、もう他にはプライベートでのデメリットは思い当たりません。

大学での「学び直し」は、ある程度はっきりした目的と、家族の理解と体力に自信があるなら、時間とお金をかける価値があると思います。しかし、そうでなければ、カルチャースクールや大学の市民講座でも、「学び」は十分楽しめるということも述べておきます。大人の学び直しは若者とは違い、時間とお金の勝負です。それは時に知力よりも重要なファクターになります。

何にせよ、大学・学部や自宅との距離や自分・家族がその時置かれている状況次第ではあるので、通学できたぼくはラッキーだった。というか、たまたま人生で行くべき時に決意し、行動に移したからこそ、再入学し卒業できたのでしょう。

次に、**仕事面でのデメリット**は、第一に、**短期的に稼ぎが減る**ことです。摑《つか》めたはずのチャンスを逃すことも多いでしょう。学費や交通費がかかるのに、物理的に時間を取られますからね。減っていく銀行預金を確認し、不安が募るのが普通だと思います。しかし、ぼくの場合の例ですが、大学に再入学したことでチャンスが広がり、結果的に増収していますから、それを狙い、「学び直し」をきっかけに職業人として脱皮すればいい、と考えることもできます。

Ｆ１などのモータースポーツにおけるピットインと同じで、タイヤ交換をして準備万端で再度飛び出せばいい。そのような心の余裕をもつことはとても大事です。そしてもし不安が上回るようなら、今は再入学の時期じゃない、ということで、通える状況を整えることに集中すればいいと思います。

ただこうして書いてみると、メリットに比べるとデメリットは圧倒的に少ないというのが実感です。

あとは……、そうだ、**仕事相手から見た時、自分がかなり幼くみられる**ようになりました。若々しい、ではないのがデメリットです。「学生」という肩書きがあるからか、仕事でもなんとなく、幼く＝経験がなぜか浅い感じにみられることがありました。

また自分自身の気持ちとしても、社会人であっても「学生」という肩書きがつくと、先生は偉く見えるし同級生は若いことから、やはりちょっとだけ学生気分になってきます。仕事だと絶対に遅れないのに授業の遅刻・欠席はどうしても出ますし、レポートの提出期限を守れないこともしばしば。これはどの社会人学生に聞いても同じ傾向があります。気を付けるべき点ですね。

大学教育について——知識なきグループワークの無駄さ

大学に再入学してわかったこと。これは即答できます。第一に、とくに一・二年時の一般教養課程や教職課程で、何人かを適当に組ませて行われている**対話型主体的学習の空虚さ**です。近ごろは、中等教育段階でもやたらに流行《はや》っていますが、ぼくは大学での経験から各所で「**前提知識のないグループワークなど人生の無駄遣い**」と公言しています。

そもそも一方通行型の講義なら一分もあれば論理立てて教えられる結論を、だらだらと一時間話し合って、妙なところに着地させるくらいなら、遊んでいたほうがマシです。

また、グループ内に中高一貫校などで場慣れした「デキる」学生がいることもあり、グループの他学生からはありがたがられるかもしれませんが、その人がドヤ顔で語る意見を聞いて、それを丸パクリでコメントペーパーに書いて終わり、というのはいかがなものかと思います。グループワークが個人の意見拝聴会に終始してしまってはあまりに意味がないでしょう。

ぼくが体験した最もひどい例をぼかしながら出してみましょう。日本のプロ野球（日本野球機構〔NPB〕）にセ・リーグとパ・リーグがあることすらほとんどの学生が知らない状態で、プロ野球だけでなく、サッカーのJリーグ、バスケットボールのBリーグを含めたボールスポーツを活用した地方創生を論じるグループワークが始まる。そうするとどうなるかというと、セ・パの存在すら知りませんから何をとっかかりにすればいいのかわからず、「大谷くんすごいよね」「ウチの県で甲子園強いのは」とメジャーリーグと甲子園の話題で盛り上がり、そのうち球技どころかマイナー部活の変な顧問の話になり、運動部出身者と文化部出身者が険悪になってタイムアップ。と、こうなります。

そして、最終的に東京で生まれ育った一人が代表で当てられて「そもそも地方創生なんてしないほうがいいと思う」とちゃぶ台返しを行い、先生も「みんなどう思う?」だって。なんじゃそれは。せめて先生あなたの意見も聞いてから考えたい。そのまま全員が沈黙して、授業終了時間に……。これでは何のために頭脳と時間とお金を遣い早稲田に入ったのかわかりません。

この件に関しては、大きく二つの問題があります。

一つ目が、**主題(テーマ)に対し意欲の低い学生が多い**ことです。これは、大学が就職予備校化している、ということが背景にありますが、学生が必ずしも第一志望の学部・学科に入学しているわけではないからこそ起きる現象です。ちなみにこの現象に国公立か私立かは関係ありません。国公立大学だと基本的に前期・後期一校しか受験できないので、浪人回避のために最も行きたい学部をあきらめてしまうパターンが意外と多いのです。そして私立だと、保険をかけて複数大学・学部を受験できるのはいいのですが、入学試験の「運ゲー」要素が強く、どの大学・学部に合格するのかわからない。そして合格したところのうち、行きたい学部ベースで選ぶということはせず、ハイブランド〟高偏差値の大学・学部に進学するパターンがかなり多いためです。

問題の二つ目が、近年の**大学入試方式**は、筆記試験中心の**一般選抜**の割合が減り、高校の校長の推薦書が必要な**学校推薦型選抜**（公募推薦・指定校推薦、もとの推薦入試）と**総合型選抜**（もとのAO入試）が増えており、偏差値では計れない選抜がなされていることに由来します。ざっくばらんにいえば、学校推薦型選抜は「今後の大学との関係を考え、高校が「推薦したい」生徒を入れる」入試で、総合型選抜は「アドミッションポリシー（入学者受け入れ方針）に沿い、大学が「欲しい」と求める生徒を入れる」入試です。

附属校・系列校出身者がエスカレーター式に入学するパターンもありますし、留学生もいます。国公立大は一般選抜が八〜九割以上ですが、私立大は学校型推薦と総合型選抜が難関大・有名大で三〜五割程度、それ以外で六〜八割程度を占めます。

何が言いたいのかというと、そもそも教員が考えているようなレベルの前提知識を、その大学・学部の学生がそろえているのかは不明なのが現代なのです。一般選抜ばかりの頃であれば、「この試験を突破したということはこのレベルの知識はあるだろう」と推測できたかもしれませんが、今や状況は変わっています（とはいえ学校推薦型選抜や総合型選抜が悪いというわけではなく、これまではいなかったような多様な学生を集められているのも事実であり、あくまでも状況の変化と捉えたほうがよいでしょう）。しかも大学教員のほとんどは、東大・京大を筆頭とする難関国立大や早慶などの難関私大の修士号もちか博士号もち……。教員と学生のすれ違いがあるように見えました。

ただし、三・四年生の少人数でのグループワークであれば、興味や前提知識がそれなりにある学生が集まっていますし、ファシリテーターたる教員がしっかりしていれば、主体的学習もよいものになります。

また、もちろん教員にも、グループワーク指導のうまい先生とへたな先生がいます。先ごろ、ＷＢＳ（早稲田大学ビジネススクール）の研究科長になられた池上重輔《いけがみじゅうすけ》先生の講義は、ＭＢＡ（経営管理専門修士）取得コースで全員が社会人大学院生であることを差し引いても、抜群の面白さです。また、二〇一九年に東大から早稲田の教育学部に移籍されてきた濱中淳子《はまなかじゅんこ》先生も、理想ばかりが一丁前の生涯教育学専修の学生たちを相手に、現実を優しく叩《たた》きこんで導いていく手法は、見事なものです。

お二人の共通点は、グループワーク主体の講義中に、「自身がいちばん楽しそう」なところです。結局のところ、「**どんな授業も教員次第**」なので、学生たちの言うところの「先生ガチャ」はあるといえばあるのです。そんなものない！　自主的に学ぼう！　はきれいごとすぎるでしょう。

ちなみに早稲田では、『マイルストーン』という、全授業を個別に五つ星で評価した分厚い冊子が発売されており、これで学生は楽単（楽勝で単位が来る授業）度合や講義の評判を見て、ドキドキしながら学期はじめの科目登録をすることになります。受講できるかが抽選で決まる講義は、抽選結果に一喜一憂です。なんだか楽しそうでしょう？　はい、学生もなんだかんだガチャを楽しんでいるのです。

ずいぶん話が長くなりましたが、大学に入ってわかったことの二つ目を書きましょう。それは、**上から見る学生と横から見る学生はぜんぜん違う**ということです（ここでいう「上」は、ぼくの職業である「先生」目線であり、「世代」や「立場」のことは指していません）。若者は意外と本当に真面目です。普段、講師として子どもたちを見ていたり、同じ講師同士で「最近の受験生は……」と話したりしていると、ちょっと暗いというか、熱量が少ないのかなと感じることがありました。でも同じ学生として横並びで彼らと話していると、そんな単純な話でもないことがわかりました。

周囲の大人たちに結構「がっかり」してきた今の若者は、あらゆることにあまり高い期待をもたず、一見冷めているように見えます。過去も「がっかり」、現在も「がっかり」なら、未来もまた「がっかり」だろう……。すなわち「やっぱり」の衝撃を避けようと、自分や他人に寛容になっているのです。だから、さまざまな瞬間に、優しい学生は多いです。そして、ムキになることが少ないので、決まったルールは（自分が損するのも嫌というかメリットがないので）、まあ守ります。若者をかばうわけではないですが。元気がないのとはまた違うのです。

そりゃあもちろん、東大の学費値上げ反対のデモに参加したり、イスラエルのガザ攻撃に反対する市民運動に参加したり、極端な保守的な考えをもち積極的に活動している熱い学生も、左右限らず、どこの大学にも一部はいます。

それでも全体的におとなしく＝真面目に見える。そして本当に真面目。いうなれば争いを好まない感じで、ぼくは、それが悪いことだと思っていません。世代で見えるものには違いがあるのです。

ここでちょっと寄り道して、そもそもの「世代」論を整理してみましょう。

就職氷河期（一九九三〜二〇〇四年）に社会に出た世代、すなわち大卒なら一九七〇〜八一（昭和四五〜五六）年生まれ、高卒なら一九七四〜七七（昭和四九〜五二）年生まれが「**氷河期世代**」です。長期の留学・留年・浪人や飛び級の経験により多少前後しますがだいたいこんな区分です（そしてこれより上の世代がおそらく一部の若者に「老害」と呼ばれている世代になります）。

この氷河期世代が「現役」世代の貧乏くじで、「忘れられた」世代です。なぜかあまり「現役」だと思われていません。この世代は、就職氷河期以降も、リーマンショックを引き金とする世界金融危機（二〇〇八年）、東日本大震災・東京電力福島第一原発事故（二〇一一年）などがつづき、決して甘くはありませんでした。

そしてざっくり今の三〇代がいわゆる「**ゆとり世代**」で、一八歳〜二九歳が「若者」世代です。とくに二五歳前後は「**Z世代**」と呼ばれていますね。スマホを握りしめて生まれてきた人たちです。

さらに下がれば、高校生・中学生は生徒、小学生は児童、その下は幼児・乳児ですが、ここを「将来」世代と勘違いしている人が多いなと感じます。実際は「子ども」と「赤ちゃん」であり、「将来」世代はこれから生まれてくる人たちなのです。


以上のような「世代」の違いがありますが、これはわざわざ大学に行かなくても、職場だろうが趣味の集まりだろうが、あらゆるところで体験できます。ぼくは、せっかく再入学したのなら、保護者・大学教員・職員という立場の大人が見下ろす、どこか不安や未熟さを抱えたステレオタイプの若い学生として見るのではなく、同じ立場で真横を伴走するフラットな人として、若者の（社会学でいう）参与観察をしようと思ったのです。

実際、一・二年生の教養課程でともに先生から叱られ、三・四年生の専門課程ではゼミ合宿で全裸になり温泉に入り、親や教員・職員に言えないような就職活動や資格試験の相談を受け、決して上から目線にならないように、と心がけて徹底的に同じスピードで伴走したら、不思議なものですね。お互い横を見れば、走っているのに止まって見えるのです。ぼくはこれが本当に「出会っている」状態だと思いました。

講師として生徒たちに「先生、先生」と慕ってもらうのはうれしいものですが、それを「出会っている」と考えるのはやはりおこがましい。そこには力の勾配があります。しかし、大学の同級生たちとは、並走して出会うことができたという自負があります。卒業後の打ち上げに生涯教育学専修のほとんどが集まった時、ぼくが留年したことを聞いて全員爆笑していましたが、あの時、ぼくは中年も若者もない、本当の同級生になったことを痛感したのです。

大学生の変化——六割が進学する時代に

ここで、社会人大学生と一般大学生では何がどう違うのかについて振り返っておきたいと思います。

まず最初に進学理由について。社会人大学生に関しては、急にやりたいことができて、それに特定の国家資格が必要なために医学部や法学部を受験というパターン、青春時代の受験結果のリベンジパターン、ビジネス実務の強化のため経営学を学ぼうとするパターンなどが代表的な進学理由です。

つまり、結局のところ「目的がはっきりしている人」だけが集まっています。「理由なくとも行っていい」と思いますし、実際そのとおりなのですが、現状は目的を持った入学者が多いというのが実感です。三年からの学士入学を含め、社会人大学生は割合としてはすごく少ないです。通年で朝から通うのは本当に大変ですし、「学ぶ」意識の高い人はたいていすでに大学を出ている学士で、それなら修士号の取得を考え大学院に行こうとするのが普通だからです。

一般大学生に関しては、世界を見渡せば古今東西、「最近の若者は……」といわれ続けていますが、例にもれず近年も「最近の大学生は本も読まない」「勉強しない」といわれていますね。でも、そもそも二〇二四年から全員が七五歳以上の後期高齢者に突入した第一次ベビーブーマーは進学率が一五パーセントほどと低く、大学は限られたエリートが行くものでした。七五歳以上の大卒者はそれだけでエリートだと思ってください。当時はマルクス主義も流行していた時代ですし、そりゃあそのころの大学生ならみんな本も読むだろうという感じ。彼らは六〇年代末に全共闘〔全学共闘会議〕運動と呼ばれる学生運動に打ち込んで結果的に国家権力に敗れます。そしてその下のシラケ世代から急速に大学が文系学部を中心にレジャーランド化してしまうのです。六九年、年明けの東大安田講堂攻防戦のせいで東大入試がなくなり、不本意ながら京大や他の旧帝大、一橋大・東工大や早慶などに進学した、次世代の受験生の気持ちを考えるといたたまれません。そりゃあシラケるだろう、と……。

その後、進学率は徐々に上がり、大学は大衆化していきますが、ぼくのような五〇代前半の第二次ベビーブーマーですら二五パーセントほど。大学数や定員がどんどん増えていった現在は、約五九パーセントです。そりゃあそれだけいろんな人が大学に行くようになったのであれば、**「学び」に対する考えと学び方が全然違う**のは当たり前なのです。

一九九一～九五年と二〇一六～二二年の二度、大学に行ってみて、さらに仕事でいくつもの大学でゲスト講義や講演を行ってみて、感じたことをさらに書きます。

まず、総合的には、ある程度のレベルの大学は以前と同じような雰囲気ですが、**選抜**

性の低い大学は、もはや高校のように感じる、ということです。出欠確認後の一斉あいさつ、ものすごく面倒見のよい学生課や就職センター。校則はもちろんないので皆それぞれ自由な服装、髪色・髪型をしていますが、ノリが高校です。講義内容も基礎の基礎の「勉強」部分から「リメディアル」教育で学び直し。ただ、これは必ずしも悪いことではなく、親からすれば「学費を払ったぶん、ちゃんと中等教育の補習をして社会に送り出してくれる」ので、感謝している人が多いのではないかと想像できます。地方においては、地元の国立に入れなければ家から近い公立か私立に通って、卒業後も実家近くに住む、という目的がある人や家庭もあるでしょう。

次に、大学のレベルに関係なく、**デジタル知識があり、かつキャッシュレス決済等に慣れている前提**で物事が動いていきます。スマホ・PC・クレジットカードは必携、なければ科目登録すらできなくなるので、アナログ状態では学生として存在が許されないです。一方通行型の講義ですら、ノートと鉛筆で板書を写すような授業は激減し、パワーポイントでスライドが投影され（しかもそのPDFデータは個々のPCに後で送られ）るわけですが、この資料は本当に簡単に書いているだけで、当たり前どころか最低限すぎて可笑《おか》しくなってきます。さすがにスマホでLINEしたりインスタやTikTokを見てればサボリは丸わかりですが、**PC持ち込み可の授業がほとんどなので、大教室でなくても内職は実際できます**。違う授業のレポートを書いたり、就活時は企業にメールしたり。

グループワークも昔に比べると格段に増えていますね。突然、前後左右の人と組まされるわけですから、コミュニケーション能力に自信のない「陰キャ(=陰気なキャラの人)」は一見辛そうに思えるのですが、もはや高校時代からそれに慣れているので、黙ってしのいでいるような印象です。どちらかというとしゃべり過ぎの陽キャのほうが浮いてしまうような感じ。この傾向は留学がマストの学部だとまったく逆になります。

おもしろいのが、デジタル化にあまり対応できていない先生方が意外にまだ存在することです。昔ながらのやり方をアップデートせず、と書くと悪いみたいですが、それでも授業が上手《うま》いなら学生たちは何も文句はいいません。なぜか? 高校はもちろん、大学受験予備校や塾も旧態依然とした(別にそれが悪いとは思いませんが)黒板を使用した集団授業を行っているからです。ただ、今はオンデマンド映像で人気や実力のある講師の授業を二倍速で視聴することができる時代です。学生たちはそういった先生と比較して、「好きな時に見たい」「もっと速く話してほしい」「○○先生に比べると下手だなあ」とか好き勝手な感想を抱いていますが、それでも、先生そのものの雰囲気が学生に好かれていれば、普通に聴いていています。

学生が寝ているのを「高い授業料を払っているのに最近の学生は意欲がない」と不満を抱く先生もいますが、イビキもかかず大人しく寝ていてくれるだけマシで、彼・彼女らの本音は「高い授業料を払っているのにこんなレベルの授業をされて絶望している」だけです。仮に叱る先生がいたら、昨今はパワハラになりかねないという問題もありますが、本当に叱りたいのは学生のほうかもしれないのです。

最後に一つだけ。「遅刻しているのにド真ん中を世界チャンピオンのように入ってくる」学生がいることだけは、ジェネレーションギャップとして書いておきます。これは叱っていいと思います。前が見えず迷惑なので。

目に見える評価を欲しがる時代──大人と若者

一九九一（平成三）年のバブル崩壊の年から受験講師の仕事を始め、三四年経ちました。その間、その時々の教え子さんや保護者の方々を、幼稚園・小学校・中学校・高校・大学の受験（Before）と就職・転職活動（After）の現場で見つめてきて、気づいた傾向があります。

それは、**目に見える結果を重視する社会になっていること**です。求職側も採用側も、理系なら修士課程の大学院卒、文系なら大学の学部卒という学歴を当たり前だと捉え、GPAという四点満点の成績も、高校の学校歴（進学校か非進学校か）も、普通に評価の対象とする傾向があります。学歴社会・学校歴社会は弱まっていません。

特に近年、ガクチカ（学生時代に力を入れたこと）を含め、具体的な目に見える成果を伴ったものが好まれます。知力・体力・コミュ力を含めた個人の能力の総合的評価「ポートフォリオ」が立派な学生が勝つ時代です。誰から見ても優秀、だって具体的にこうこういう実績があるから、という人ばかりが求められます。GPAを就活で聞かれるのも、企業側（＝大人側）が判断できないので目に見える結果として数値を求めているのだろうと思います。

正直、次に何が「来る」か（＝ネクストブレイク）はわかりません。徳島県で部屋に籠っていたハチが米津《よねづ》玄師《けんし》となり、顔出しをしないAdoが大ブレイク、謎の女子高生シンガー「tuki.」が紅白歌合戦に出場する時代。何でもいいんだけど結果を出しているし、それがすごいという時代です。世代間ギャップを埋めるのが、「目に見える結果」なのでしょう。

勉強ツールの変化——電子辞書

そういえば、勉強ツールにも変化が起きているようです。二〇二五年三月、**カシオ計算機**は、収益性と成長性の観点で希望がもてない、と**電子辞書の新規開発を中止**すると発表しました。急速に縮小する市場規模に合わせ、既存製品の生産・営業は続けますが、大幅に縮小するとのこと。長年、「EX-word」（エクスワード）シリーズのヘビーユーザーだったぼくは、「撤退しないだけマシか……」と思いつつもこのニュースには衝撃を受けました。直前の二月には「情報Ｉ」のコンテンツを収録した高校生向けモデル

「XD-SA4900」を購入したばかりでしたから。

　電子辞書の出荷台数や市場規模は二〇〇七年がピークで、減少を続けています。今や誰もがスマホを持っており、大学生・大学院生や社会人が使わなくなるのはわかります。実際に大学に通っていたときも、自分以外の学生が使っているところは見たことがありません（というか紙の辞書も使っていなかった……）。ただ、高校生や中学生だとスマホ禁止の学校もありますし、まだまだ現役ツールなのかとぼくも思っていました。しかし、コロナ禍で教育現場のＩＣＴ化が大幅に進み、ＰＣやタブレットの利用が広がったことが市場の縮小に拍車をかけてしまったようです。

　カシオの市場シェアは、直近で約八割にまで上昇していましたが、これにはメーカーの母数が減少していることも影響していたとのことです。カシオさん全体の事業としては、時計や電卓もスマホという黒船（いやもうその段階は過ぎたので巨人でしょうか）の前で厳しい状況にあることでしょう。ただ、Ｘの相互フォローで広報担当者さんと個人的につながっており思い入れもあるカシオですので、色々と知恵を絞り、たくましく生き残っていかれるだろうと信じています。

歴史をかえりみても、仏教用語でいえば諸行無常、あらゆることは常に動いているのです。学ぶ側の私たちもアップデートや撤退を含め、今後の戦略は大事なのだな、と考えさせられる出来事でした。

コラム②二つめの学校——小学校

コラム①のつづきです。途中で引っ越したことで遠方の幼稚園を卒園したぼくは、大好きだった同じ白組のKちゃんと泣く泣くさよならして（画用紙に別れの決意が書いてあります）、地元の公立である**市立・朱雀《すざく》第一小学校**に、服を着て六年間通うことになります。とはいえ幼稚園時代の「はだか」からいきなり厚着は違和感があるので、一年中「半そで半ズボン」という、クラスにたいてい一人はいる、あのタイプでした。

小学校は、入学式の次の日に頸部《けいぶ》リンパ節炎にかかり喉が異様に腫《は》れ熱にうなされて二週間ほど休み、一日だけ学校に行ったら次の日に麻疹《はしか》にかかりまた長く休み、結局、GW前はほぼ通えなかったことを覚えています。急に服を着て過ごした反動でしょうかね？

最初の一か月以上を休んだために、放送室や給食調理室などの見学ができなかったことで学内に謎の場所が残ってしまったことはまだしも、足し算や引き算など算数の土台を習わなかったことは、現在も数学の苦手意識としてまだ引きずっています。意外とそんなところから科目の苦手ははじまるものですね。

五月のGW明け、ぼくは病気で長く休んでいたことに加え、出身が郊外の幼稚園だったこともあり、友だちがおらず転校生のような扱いでした。空手を習っていたことや母親ゆずりのおしゃべりな性格が幸いして、すぐにクラスには溶け込めましたが、いま思い返してもなかなか厳しい環境でした。

あと、低学年一・二年生の担任だったT先生が独特な方で、一日じゅう歌ばかり唄わせてロクに勉強を教えず、学期末に適当にカラーテストを配っておしまい、というファンキーガール。書き方の授業と体育は他のクラスの先生に任せて、それ以外の時間はとにかく音楽ばかり。雨が降ってるのに朝イチから『ドナドナ』を唄わされた日のテンションなんてダダ下がりですが、将来全員カラオケは上手《うま》くなってるはずです。

彼女は感情の起伏が激しく、キレると巨大な鉄製ゴミ箱をどかんと床に投げつけ、忘れ物をした子に家にまで取りに帰らせるので、電車で通っていたぼくは、家で忘れ物を握りしめた後はそのまま学校へは行かずどこまでも出かけ、学校で行方不明扱いになったこともありました。

ただし、この低学年時は、よいこともありました。一つは、同じクラスにお父さんが日本人、お母さんがユダヤ系というハーフ（ダブル）の女の子がいたのですが、特別扱いということもなく溶け込んでいたので、自然と多様性が身についたような気がします。ぼくは団地の同じ棟の違う階に住んでおり、二段ベッドがいくつも並ぶ異世界のような家によく遊びに行き、すごく多いきょうだいたちを含め、仲良くしていました。あと、担任T先生は、大正時代に始まった自由教育「生活綴《つづ》り方運動」にハマっていたのか、全員に四〇〇字詰め原稿用紙一枚の作文だけは毎日させたので、文章を書くことが苦じゃなくなりました。しかし二年間毎日やってると書くネタが尽きて、クラスメイトの中に四級～特級の嘘つきがぼんぼん出てきます。まあ、二級程度のぼくは、そのうち小説も書きたいと思っているので、作りばなしの訓練にはなってますね。

みなさんは、めちゃくちゃだなあ、と思われるかもしれませんが、一九七〇年代後半の小学校なんてこんなもんです。隣のクラスの、三つぞろいスーツを着たダンディ中年M先生なんて、専門の書き方指導以外は一切授業せず、NHK教育（現在のEテレ）を点《つ》けっぱなし、「見とけや」。自分は机の上に足を乗っけて文庫本読んでて、たまにポケットからチョコを出してくれる、という無頼漢《ぶらいかん》でした。

そうだ、担任T先生のいいところも書かなきゃ。それは小学生相手にでも、誰にでも必ず敬語だったことです。ぼくのことも「伊藤さん」と呼びました。キレると「このボケー！」と叫びますが、絶対呼び捨てにはしない。ぼくは、その影響もあり、いまでも家族以外には敬語で話します。生徒さんや仕事相手に限らず、利害関係のないプライベートの知り合いですらタメ語で話すことなんてない。それは、T先生に**自分が尊重されていた**なぁ、と思った記憶からです。新しい環境で仕事をするときや、学び直しの現場で年齢違いの友人をつくるときなど、この「必ず敬語で話す」習慣は本当に役立っています。

さてつぎに、三・四年生の担任、二〇代後半のK先生は長身で気の強い美人で、テニスも上手かったことからぼくは秘かに憧れていました。ただ、一つだけ傷ついたことがあります。ある日の放課後、校舎間の通路の上のほうに誰かの投げたボールが乗ってしまい、先生が誰かを肩車をして取る必要があった時、近くにいたぼくに「伊藤、あんた体軽いからやってくれる?」と言われ、先生の肩にのるなんて! と思いドキドキ・ソワソワしていたところ、友だちと相撲を取って転んで砂がついていたからか「やっぱし汚いからええわ。女子! T呼んできて」と、ぼくの好きだった別の女子を指名されたのは、色んな意味でショックでした。しかし、K先生の他校への転任後も二度年賀状を出し、とても丁寧な返事が返ってきたのはすごくうれしかった、という複雑な感情を、今もまだ抱えています。

どんなエピソードだよ? と思われたかもしれませんが、ことほど左様に、**児童・生徒・学生は、よくもわるくも先生にかけられた何気ない一言を覚えているものです。**自分自身、人を教える立場になってから特に気をつけるようになったので、そういう意味でもK先生には感謝しています。

五・六年生の担任で当時三〇歳前後だったY先生は、四歳から続けてきた空手の師範たちを除けば、初の男の先生でした。

ぼくの父は老舗西洋料理店のマネジャーで、朝が遅く帰りは夜中、月に二度しかない休みとお盆・正月くらいしかまともに顔を合わせない怖い（でも大好きな）存在で、日常的にはつねに母といましたし、習字の先生は初老の女性、カブスカウトとスイミングスクールで関わる大人は男女混合のスイマーたちで、こんなに長時間、大人の男性のみとガッツリ過ごすなんて、生物的にも提供される知識的にも「圧が強い」感覚が凄《すご》かったです。このときの経験で、ぼくは講師になったあと、自分はこの「圧」を出さないように気をつけるようになりました。

実際Y先生は理系出身のとても厳しい先生で、体罰も凄かったのですが、怖くてろくに甘えることもできないY先生が、なんだか嫌いではありませんでした。かなり弁が立ち、運動神経もよく、いまでもテレビで元大阪府知事・大阪市長の橋下徹さん（彼は府立・北野高校時代はラグビー部）をみると「そっくりやな……」と思います。とにかくよくもわるくも「圧が強い」「疲れる」人でしたが、はっきりした厳しさ、言い訳を絶対に許さない態度は軍隊の教官を彷彿《ほうふつ》とさせました。

ぼくはADHD（注意欠如多動症）傾向が強く、片付けも苦手で、「いまは何をする時か！」とつねに叱られており、クラス内の人気の割には先生からの評価は高くなかったと思います。主要四教科の宿題や図工・家庭科の課題を基本的にやらず、黒板のすみっこの「〇〇忘れました」という欄に毎日名前が複数書かれるくらい、迷惑をかけていましたから。

それでものちに高校を受験する時、「Y先生の母校だから」という志望理由も三分の一はあるほど影響を受け、悪い印象はありません。この厳しい同性の先生に出会ったことは、自分としてはとても大きかった。「独りで生きているわけじゃないんだから集団のルールを守る」「権利だけじゃなくて義務もある」ことを叩きこまれ、義務教育のあるべき姿の一つを体現できました。そして何より、将来は人を教える仕事に就こう、と思わせてくれたことに、いまも感謝しています。

さて、ここで重要な知識を。

いまでこそ、改正教育基本法・学校教育法の下で、**義務教育は小学校・中学校の九年**ですが、**戦前の義務教育は初等教育つまり男女共学の尋常小学校の六年のみ**でした。満一二歳で社会に出る人も大勢いたのです。

もちろん、**男女共学の中等教育**である**高等小学校**の二年を足して満一四歳で社会に出る人もいましたし、さらに**男女別の中等教育**である**師範学校**に進んで四年（のち五年）学べば、正規の（＝代用教員ではない）初等・中等学校教員になることもできました。

また、**高等教育につながる男子の中等教育**として、**中学校**の五年があります。そして、**高等教育につながる女子の中等教育**として、**高等女学校**の四年または五年もありました。

ただし、**女子の高等教育**は、四年制の**女子高等師範学校**（現在の国立・お茶の水女子大学と奈良女子大学）しかありませんでした。女子は、どれだけ長く学校に行きたくても、原則、現在の短大にあたる二〇歳までしか学ぶことができなかったのです。**男子の高等教育**は、**高等学校**の三年や大学予備門の二年を経て、**最高学府**である**大学**の三年を卒業し、満二三歳や二二歳で社会に出るパターンです。また、女子と同じように四年制の**高等師範学校**（現在の国立・筑波大学と広島大学）を出て中等教員になる人もいました。

繰り返しますが、代表的な高等教育である**高等学校と大学は男子しか進学することができなかった**、ということは大事な知識です。一九一三（大正二）年、日本で初めて東北帝国大学（現在の東北大学）が女子学生三名の入学を例外的に許可したことは、大きなできごとでした。

戦前の女性には、高等教育を十分に受ける権利も、選挙権・被選挙権もなかったのです。これは社会科講師としてぜひ覚えておいてほしいことです。

時間が足りない！――タイパを向上させる

社会人が大学・大学院に一年生から通い「学び直す」のに、**時間は足りないのが普通**です。ただし、抱えている事情は人それぞれ、何によって時間が足りないのかは個々人により状況が異なります。

子がいるのかいないのか、いるなら何人いるのか何歳なのか、既婚なのか未婚なのか、夫婦なのか離婚や死別でシングルなのか、年収は多いのか少ないのか、住民税課税世帯なのか非課税世帯なのか（後者だと国立の学費全額免除や私立の一部免除制度があります）、不労所得があるのかないのか、フルタイム労働なのかパートタイム労働なのか、持ち家なのか賃貸なのか、持ち家ならローンが残っているのか残っていないのか、実家暮らしなのか独立世帯なのか、実家からの援助は受けられるのか、介護が必要な家族はいるのかいないのか、自宅は大学から遠いのか近いのか、ペットを飼っているのか飼っていないのか、勤め先や家族の理解は得られているのか見切り発車なのか、在職したままなのか退職するのか、時短勤務するのかしないのか、受験するのは国公立なのか私立なのか、普通課程なのか通信課程なのか、奨学金を借りるのか借りないのか、そもそも何歳なのか、性別は何なのか（近年は性的少数者に対する大学側の姿勢や配慮も問われています）などなど……、書き出したらキリがありません。

ネガティブ（後ろ向き）要素である「○○なら不可能」を考察してほしい人もいるかもしれませんが、今はやめておきましょう。正直、お金さえあれば時間は捻出できることが多い、すなわち「お金が余るほどあれば、タイパ関連の問題はほぼ解決可能」だからです。身も蓋もない話ですが、お金があれば学び直しにまつわる問題の多くは解決できます。でもほとんどの人はそういうわけにはいかない。そのためここでは、**お金に関係のないポジティブ（前向き）要素＝「時間を捻出するのに○○は有効」**という、**タイパ向上術（≒サバイバル術）**を考えていきましょう。サバイバル術ですので具体的にいきます。参考にしてください。

まずは**往復の通学時間**。できることなら大学のすぐ近くに引っ越したり別宅を借りたりしたほうが楽ですし、移動する時も新幹線や有料特急、タクシーを使えば時間も体力も浮きます。自家用車通学は駐車場問題があり難しい大学も多いですが、バイクや自転車も有効活用できます。ただし、すべてお金がかかります。タイパとコスパを天秤《てんびん》にかけて決めるのですが、ここでは本題ではありません。そんな中でみんなができて、一円もかからないのが、「移動中は誰にも邪魔されない耳から学習の時間」「移動は健康のためのウォーキングにする」等の、**意識のポジティブ変換**です。「**移動時間は知識学習&身体トレーニングの場**」というマインドセットにして、時間を有効活用することを考えればいいのです。「脳筋だ」と思われるかもしれないのですが、時間がない中でやっていくというのはこういうことなのです。

次に**キャンパス内の在学時間**。まず、単位認定が厳しすぎる「**どハマリ**」**授業を避けて科目登録をする**ことです。いわゆる「楽単《らくたん》」をねらおうということですね。そういった授業ばかりを選ぶ学生のことを下に見るような風潮もありますが、単位を一つ落とすだけでもすべての時間がパーになるわけで、最悪その一単位で一年の留年が決まることもあるのですから、仕事や家庭での活動を止めて学び直している人にとっては大問題。**興味のある授業や主目的の授業は真剣に選んで、よほど興味がない内容じゃない限り、おとなしく「楽単」を狙うというバランスの良さは大事です。**あともちろんですが、さすがにゼミは、教授との相性とか内容で選ぶのが筋です。

そういえば、早稲田の教育学部には「土屋神《しん》」という神がいることで有名でした。土屋彰久先生は土曜三限の憲法講座を担当されているのですが、「いらないのに単位が来る」「初回の授業に五分遅れで入室したら終わっていた」などの伝説があります。ぼくも留年一年目に一度も出席せず、レポートからテストから一切拒否したのに単位が来ました。リアル・オンラインを含め、顔を見たことすらありません。「土屋憲法」は大人気講座で、科目登録では立場が弱い一年・二年時には落選し（高学年になるほど当選しやすい）、留年した際にせっかくだからと登録したらこんな感じで、こういう授業も本当にあるんだと感動しました（断っておきますが、今ほとんどの授業は、ぼくが三〇年前に大学生だったときよりもかなり厳しく出席・テスト・レポートが管理されています）。

前述したようにぼくは二度留年しているのですが、その話をしますと、当初は二〇二〇年春に卒業する予定でした。大学の広報課からは、卒業式で配布するパンフレットに、教育学部を代表して写真つきのインタビューを載せるという話もいただき、そのつもりでした。しかもなんと、泣く子も黙る政治経済学部を差し置いてトップに掲載してくれるという大ラッキー。ぼくは全学部の代表合わせて最年長だったからだと思います。

そのインタビューの時、カメラマンさんとインタビュアーの学生さんに「チャイ語（中国語）のリスニングが小っさいCDラジカセで、大教室の最後列だったから聴こえてなくて、単位ヤバいかもです、あはは」などと冗談で言っていたら本当に単位を落とし、卒論は通ってるのに卒業できなくなりました。ぼくの写真とインタビューはギリギリで大隈講堂の写真に差し替えられるという前代未聞のトラブルに。ところが、そのタイミングで新型コロナウイルス感染症の影響で卒業式自体が中止になり、ぼくは末代までの恥をさらさずに済んだのです……。教訓。大学の勉強を舐《な》めてはいけません。普通に落とされます。

タイパ向上術に話を戻しましょう。

次に、**特定の曜日に授業を寄せて通学日数を減らす**ことです。その際、空きコマが極力出ないように詰めるとなおよいですが、一日でものすごく疲れるので体力が必要です。

あと、**聴く価値がないと判断した授業は参加さえしていればいいと割り切る**ことです。ぼくは、必修授業なら考え事をしたり、バレない程度に仕事のメールを返信したりしていました。選択授業なら参加すらせず「切る」こともできますが、下手に単位を落として成績を下げてしまうと、大学院進学を考えた場合に不利になりますし、おすすめしません。

授業中のいわゆる「内職」をすすめる人は今までいないんじゃないかと思いますが、他人に迷惑をかけているわけでもないですし、卒業するためにも力を抜く箇所を考えるのは学生の戦略です。**貴重な時間と高い学費を取っているのに下手な授業をする教員に責任がある**とぼくは思いますし、自分自身では仕事のとき、この気持ちを絶対に忘れないようにしていきます。ぼくの授業を受けに来てくれる受講者は、命に等しい時間と、命の次に大事なお金を遣って、受講したり本を読んだりしてくれている。ならばこちらも一生懸命、文字通り命がけで講義・執筆するべきで、それは必ず伝わるはず。伝わらず、全く価値がないと思われたら、「見られる側」の人間としては失格なのです。

大学の成績は**GPA（グレードポイントアベレージ）**と呼ばれ、以前に比べれば重視される傾向があります。GPAは、A＋を四、Aを三、Bを二、Cを一、Dを〇（すなわち単位不可「落単」）とする、アメリカから世界中に広まった五段階の成績評価法です。大学によって多少は差がありますが基本的に、A＋が九〇点以上、Aが八〇点以上、Bが七〇点以上、Cが六〇点以上、Dが五九点以下です。

この点数はどこからつくのかというと、学期末テストの点、学期の途中で出されるレポートの点、毎回のコメントペーパーの点（＝出席点）などの合計で評価されます。ただし、割合は授業によってそれぞれです。たとえばテストなし・レポート九割・出席一割が成績評価の授業もあれば、テスト七割・レポートなし・出席三割（コメントペーパーなしで授業中に当てられた時の反応が点数になる）という授業もあります。後者のパターンは語学関連でよくみられますね。とにかく出席が大事という配点になっているのは、点数に自信のない学生にとっては救済措置でもあります。

ぼくはテスト一発で、レポートなし、出席も取らない講義が好きです。帰宅後にレポートを書く時間が確保しにくく、外せない飛び込み仕事や家族の病気、体力不足などでどうしても欠席してしまうことが多い社会人学生にはおすすめですが、純粋にテストの点数が五九点までなら平気で落とされるので注意が必要です。また、自分が欠席の時に提示された情報（講義内容のみならずテスト・レポート情報）を得るための学生間のネットワークがないと厳しいです。このタイプの講義をする先生は、たいてい聞きにいっても（意地悪じゃなく）教えてくれません。きちんと出席している学生に悪いからです。

非常勤で政治学と行政学を教えにこられていた東京学芸大学教授の久邇《くに》良子《よしこ》先生の講義は完全にテスト一発でしたが、それだけの緊張感をご自分にも課されており、特に国際政治関連の講義は見事なものでした。

講義を仕事とする**プロ講師のぼくにとっては、大学に通う最大のメリットは、「（他大からの非常勤を含む）プロの講義を長期にわたり堂々と見られること」**だったのかもしれません。単発の授業見学で確認できる所作・発声や板書・パワポ提示を含む授業技術だけでなく、カリキュラム構成、教科書〔テキスト〕選定、レジュメのクオリティや使用法なども含めて本当に参考になりますから。久邇先生に限らず、横浜国立大学から出講されていた伊藤功《いさお》先生の哲学史、法政大学大学院から出講されていた白鳥《しらとり》浩先生の政治学（特に国内の選挙関連）、宮城学院女子大学から出講されていた天童睦子《むつこ》先生の女性学、そして生涯教育学専修の必修授業でもあった吉田文《あや》先生の教育学は、あふれ出る知識・教養と学生を巻き込んでいく素晴らしい授業技術に刺激を受けましたし、総合的に考えて時間とお金を遣う価値が大いにありました。

お金はあるだけあったほうがいい――コスパを考える

タイパのつぎはコスパです。「学び直し」の種類にもよりますが、**お金はあるだけあったほうがいい**です。本章の最初にもお伝えしましたがお金は超重要です。

学び直しにはいろいろあります。たとえば通学や通信の高等教育でいえば、国立大学の場合、公立大学の場合（大学の運営母体と同じ地方公共団体の住民は学費が割引となることなどはあまり知られていません）、私立大学の場合、大学院修士課程の場合、大学院博士課程の場合、ＭＢＡコース（経営管理修士）の場合、法科大学院（ロースクール）の場合……etc.

予備校や通信課程の資格試験でいえば、国家・地方公務員試験の場合、司法試験予備試験の場合、司法試験の場合、司法書士試験の場合、行政書士試験の場合、社会保険労務士試験の場合、ファイナンシャルプランナー試験の場合、宅地建物取引士試験の場合……etc.

これらのすべてに入学金・学費・教科書代・交通通信費、場合によっては受験料や参考書・問題集代などがかかります。英検・ＴＯＥＩＣ、ＴＯＥＦＬ、ＩＥＬＴＳなど語学系の資格のスコアを取得するのにもお金はかかりますし、そのうえ留学するなら、今の円安の中で現地までの往復の飛行機代・住居費を含む生活費などは高額です。

ここで学費について、具体的に触れておきましょう。入学金と授業料にしぼってお話しします。まずは国立大学。国立の場合は標準額が定められており、入学金が二八万二〇〇〇円、授業料は年額で五三万五八〇〇円です。各大学はこの標準額を基準にして上下二〇パーセントの幅で自由に入学金と授業料を決めることができますので、たとえば東大・一橋大・東京科学大は授業料を六四万二九六〇円に値上げしています。

私立大学の場合は大学によって、また文理によって大きな差があり、一般的には理系（とくに医歯薬系）の学費は高くなる傾向にあります。例として、私が通っていた早稲田大学教育学部の場合、入学金は二〇万円で、授業料については文系学科で一〇四万円、理系学科で一五四万四〇〇〇円です。同じ教育学部でも文理で差があるわけなので、受験する際には早めに調べておきましょう。

前述したように、ある程度の時間はお金で買えます。タイパとコスパのバランスは、皆さんも常に考えていらっしゃるでしょう。体力・体調もお金次第の部分がありますね。医薬関係に限らず、サプリメント、整体・マッサージ、まともな食事などなど。

ぼくは今から**コスパ向上術**を書こうとしているのですが、あまり自信がありません。なぜかというと、**価値のあることに時間やお金をかけることは、回収可能な「投資」だと思っている**からです。ぼくの感覚だと「学び直し」よりコスパがいいことは他にありません。この**自己投資マインド**は、決してイチかバチかの「**投機**」**ではない**ことがポイントです。

どうして都会の文系の人が名門大学卒という学歴・学校歴にこだわるか？　の背景は、リスクが少ない安定的な「投資」と考えているからでしょう。これが理系なら大学院修士課程卒だったりします。その先に有名企業の正社員や公務員、さらに先に起業の道があるのでしょう。

それに対し、地方の人はどちらかというと、地元の名門高校卒や国立大学卒を経て、公務員や学校教員、銀行・信用金庫職員、地元メーカーの正社員になるルートが想定されています。そこにマイカー・マイホーム所有が付きますね。

じつは自己目線で考える「投資」は、他人目線の「同調圧力」と言い換えることもできます。周囲では○○が当たり前、という感覚は、育った環境によって人それぞれですから、皆、それらを加味したり乗り越えたりしながら、**一回きりの人生で何に時間とお金を遣うのか**と、「生き方」を考えているわけです。

ちなみにぼくは、都会・地方の双方において変人扱いをされることが多いです。フリーランスだし、マイカー・マイホームも持とうとしません。しかし、大卒で、妻子がいて、公的機関からも仕事を請け負い、テレビやラジオに出て、大量に書籍を出版しているなど、さまざまな要素を組み合わせて、それが仕事を依頼する側からのゆるい「信用」につながっているのでしょう。しかし、結婚した翌年の三〇代半ば、飛行機での出張が続いた時、羽田空港であまりにも毎回クレジットカードの勧誘をされるので、航空会社系のゴールドカードに入会しようと申込書を書いたことがあります。きちっとスーツを着てグローブトロッターのキャリーケースを引いているぼくの一〇〇〇万をゆうに超える年収などの情報を見た担当者は、「これなら一〇〇パーセント、いや二〇〇パーセント確実に通りますよ！」などと安請け合いしていましたが、案の定審査に落ちて申し込めませんでした。フリーランス、持ち家なし、マイカーも免許もなし、資格は空手・柔道の初段と歴史能力検定日本史一級だけ。あと大きかったのが、他社のカードを持っていないことと、ローンを組んでいないことです。「即日現金払い」を徹底し、クレカをもたず借金をしたことがないぼくは、クレジットヒストリー〔クレヒス〕が真っ白な〝スーパーホワイト〟で、信用力が判断できないのです。ようするに、後払いになってしまうクレカの世界では、これまでに「借金して期日通りに返したことがある」人のほうが信用力が高いのですね。瞬間風速の収入が多くても、ボーナスや退職金も出るような正社員ではなく、不安定なフリーランスで、しかも担保になる不動産もない。しかも最初から普通カードじゃなくゴールドに申し込んでいる謎の新婚さん。冷静に考えれば、いらっしゃ〜い！　と言われるわけもなく、一五〇〇パーセント審査に落ちます。

何をつらつら書いているのかというと、〇〇大学卒などの学歴は、都会・地方かかわらず手っ取り早く手に入る「信用」であり、それを目指すことは、リスクが小さくリターンの大きい「投資」で、決してのるかそるかの大博打《ばくち》の「投機」ではないのです。「学び」を通じて得られる学士・修士・博士号や、公務員資格、弁護士・司法書士・公認会計士・税理士・教員などの国家資格は、「信用」を得るための大人気「投資」商品なのだともいえるでしょう。それに時間とお金を突っ込むのか否か、タイパとコスパを考えて、価値がある、意味があると判断すれば大学再入学や資格取得の試験にGO！　あまり魅力を感じなければ違う「学び」をすればいいということです。

一限はやめましょう——体力は浪費できない

ぼくは三一歳の時、岡山県倉敷市の三菱《みつびし》自動車水島工場でリア（後輪）サスペンション組付工程のライン作業員として勤務していたことがあります。七二秒に一台のコンベアでどんどん流れてくるランサーやエアトレックは前輪駆動車、たまに流れてくるランサーエボリューション（ランエボ）は四輪駆動車のスポーツカーで、この時だけはエース工員がさらに加わり、四人がかりで後輪の作業に取り掛かります。

これを人生に当てはめると、時間・お金は人生の大きな両輪です。自転車やバイクにたとえると、もともとの車輪の大きさ（子ども用の一八インチや大人用の二七インチ）とか排気量（五〇ccの原付や七五〇ccのナナハン）の違いで、どうしても速度や進める距離に差が出てきます。時間とお金は人生を進んでいくための両輪。これに異論のある人はいないでしょう。でもぼくは、自動車工場に勤め、人生は時間・お金の両輪だけでなく、体力・気力を合わせて、四輪である自動車のようなものだと初めて気づきました。

ちょっと話が飛びますが、近代以降は資本主義社会です。お金が大事。そのためほとんどの人は時間・お金が主たる駆動要素になっている前輪駆動方式をとっていて、後輪の体力・気力がそれなりに支える形で進んでいるはずです。時間を切り売りすればお金は入ってくるし、時間はお金である程度買えますから、前二輪が連動して回転し、体力・気力を引っ張っていきます。

これが、体力・気力が主たる駆動要素の人もいますね。とくに若い人はそういう傾向があるでしょう。そんな後輪駆動人生だと、しげの秀一先生の漫画『頭文字《イニシャル》D』で描かれるトヨタのAE86のような「走り屋」的な走り方になってしまい、後ろ二輪が連動して押せ押せでコーナーに突っ込み、ドリフトターンをかますという、ゆったりとは縁のない人生となります。

となれば、やはり理想は、時間・お金・体力・気力がすべて連動して回転している四輪駆動の4WDでしょう。これならどこにでも行けそうですね。

社会人学生としては、まず**体力の浪費を抑えたい**です。たとえば、興味がある内容だからといって必修講義でもないのに朝一限から授業を選択すると、本当に後悔します。

ぼくはよくXのポストで「**一限はやめましょう**」とつぶやくのですが、リポストやいいねが大量に集まります。経験者はみなそう思っているのです。

連続コマを入れるのは問題ありません。下手したら空き時間のほうが居場所がなく、くつろげる感じでもないので、体力的にはしんどいです。何せ大学には自クラス専用の教室はないし、ロッカーもありませんからね。

授業は従来の一コマ九〇分から、一〇〇分（例：早稲田大学）や一〇五分（例：一橋大学や東京海洋大学）などに拡大する向きがありますが、これは一限の開始が早くなる以外は問題がないです。逆に、一コマの時間が増えた分、年間の休みが春学期一週・秋学期一週の二週分増えて、教員・学生ともども大喜びです。留学・復学の出入りもしやすくなるので、いいことずくめです。

大して欲しくもないのに取れる資格はついでに取っておこう、という行動もすすめられません。資格のためのコマ数が増えると夜遅くまで大学に残ることになり、教育実習も三週間。博物館学芸員資格や図書館司書資格もですが、「大学を利用し尽くしてやろう」という姿勢は買いますが、課題の提出も含め、なかなか体力がついていかない、というのが実情です。

体力向上術ももちろんありますし（ぼくは格闘技経験も長く、受験生指導もするので）知ってはいるのですが、正直、時間とお金、何より自制心が必要で、意外と面倒くさいのでここではほとんど書きません。それに、時間がなく一時的にお金も減っていくなかで「学び直し」をしていくと、タイパならぬ「体パ」をよくするような動きを自然と心がけるようになり、**結果的に体力は付いていきます**。とくに普段ずっとオフィスワークの方や家にほとんどいるような方は、大学に通ってキャンパス内を移動して授業を受けるだけで、体力は付いていくはずです。あと、常に若い人に囲まれているので体形維持に敏感になりますし、学生だからといって、徹夜マージャン〔徹マン〕や二郎系ラーメンマシマシなどのジャンクフードの大食いも社会人学生は絶対誘われないので、安心してください。

無理しない範囲で組み立てる——気力が最後の砦《とりで》

お酒・タバコをやっているかどうかとか、性別の問題、遺伝の問題などで、基礎体力は人それぞれですが、体力と**気力**は連動している部分も多いです。定期試験前日や卒論提出直前などの特別なときは、カフェインと気合・根性で何とかするシーンも出てきますが、基本的に体力と気力の両輪はバランスよく行きたいところ。近年はエナジードリンク〔エナドリ〕やお菓子のラムネが集中力を増すと喧伝《けんでん》されていますが、糖分過多になりますし、ぼくはほとんど効果を感じません。ブラックコーヒーや日本茶、医薬品の栄養ドリンクや救心および胃薬で乗り切っています（と書くとこれもダメと言われそうですが自分的には合っています）。

「学び続ける」という継続性を考えた場合、体力・気力ともに「**無理しすぎない**」ことは本当に大事です。学校の部活や新卒後のハードワークという期間限定モノならまだしも、「学び」は生涯続けられる、続けるべきものです。水中にもっていけるもの、もっと言えば死出の旅への瞬間、三途《さんず》の川を渡る時にもっていけるものを一生かけて身につけようとしているわけですから、「無理しすぎない」ことは肝要です。

心は、寂しさや憤りのあまり地団駄を踏んだり、たいへんな疲労だったりで「穴」が空いてしまうと、その後回復して明るさを取り戻しその穴を塞いだように見えても、ただ布を一枚かけているだけの状態で暮らしているようなものになります。物理的な穴のように手術や工事で現状復帰することはなく、油断しているとその穴にいつでも落ちてしまう。だってその小さな体から出ていくことはできないから。そういう怖さがあるので、本当に無理しすぎないでください。

学び直しの心構え――三つの大事なこと

時間・お金の前輪セット、体力・気力の後輪セットについてそれぞれ書いてきましたが、「学び続ける」には、重要な三**つの心構え**があると思っています。

一つめが、「**自分をその学びが必要とされる状況に置く**」ことです。文系の歴史学出身のぼくの場合は、歴史を中心とする社会科を、児童~シニア世代まで文理問わない受講生に実際に教えているという職業上ドンピシャな要素があったからこそ、次は文系理系どちらも関わる生涯教育学を学ぶことにしました。そして教育学を学んでいると、自分に理系の学びが足りないと痛感し、理系に行くことを決意。そのとき、これまでが二つ続けて私大でしたし、私大理系は文系科目不要=ぼくにとっては得意な文系科目で点数をかせげないという理由もあって、次は国立を狙っています。このように、偶然のように見えてじつは必然で、学びを続ける際には自分がすでに持っているピースと合わせて考えていくことになります。実は皆さんも、自分が次に学ぶべき内容はうすうす気づいているんじゃないでしょうか。

二つめが、「**学び続けている人と知り合いになる**」ことです。実際、ものすごく刺激を受けます。そして、次はその人のように自分が誰かに刺激を与える存在になります。知人で、ぼくが大学に再入学したことで、大学受験を志すようになった人、学士入学で三年から入り直した人、大学院の修士課程、さらには博士課程に進んだ人は、とても多いです。

三つめが、「**何か具体的な目標をつくる**」ことです。ぼくは、まえがきに書いたように、終戦一〇〇周年となる二〇四五年、七三歳になる年の八月に昭和史の本を書き上げるつもりです。書いた本を、初めて世界中、あらゆる国の人に読んでもらう年にしたい。だから、そこから逆算して、国立理系の某学科（受験する大学も学部も学科も決まってますが言うと倍率が変動して受験生に迷惑がかかるから伏せます）を出た後は、早稲田の教育学部で修士号を取得してアカデミックスキルと信用を高め、ＭＢＡコースでその本を売るための国際マーケティングを学び、広島大学で憲法を学び、長崎大学で多文化共生を学び、その間、イギリスに一年留学し、早稲田の博士課程に在籍しながらアメリカでその本を書き上げます。そのためには英語は必須。中国語もできたほうがいい。体も鍛えて何なら社交ダンスも。

このように、ぼくのやることはすべて決まっています。そして最も重要なのが、別に途中で変わったっていいということです。その時はその時。時間・お金をかけて、体力と気力を充実させ、四輪駆動で前に進んでいることは、変わらないのです。

「恥ずかしさ」と「怖さ」――学びの壁を超える

この本を読んでいる皆さんはおそらく、「そりゃ大学に行き直せるなら行きたいけど」「とはいえ仕事はやめられないし」「子どもだって手がかかるし」と思っていることでしょう。ここまで具体的にタイパ・コスパのことをお伝えしてきましたが、それでなんとかなるとは思えない！　という気持ちのはずです。

ですが、ぼくは思い切って、それが本当にあなたが学び続けられない理由ですか？と問いたいと思います。

ぼくが思うに、「学び続ける」ときに最大の壁になるのは、「**恥ずかしさ**」、もっといえばそれを突き詰めた「**怖さ**」です。こんな年齢でこんなことしていていいんだろうか、これをやった果てに何があるんだろうか、自分の能力の限界を知るだけなんじゃないだろうか、子どもまでいるのにこんなことして世間に何か言われないだろうか、といったようなことですね。また、**変わりたいと言っている割には、いざ変わっちゃったらどうしよう、という気持ちがある**人もいるでしょう。

これまでの人生が恥ずかしいことの連続だったことで「恥ずかしさ」がもうなく、「怖くても、動こう」をコンセプトに仕事をしているぼくが、ちょっとでも皆さんの壁をなくすために、考えてみました。

まず、たとえば大学で「学び直し」を具体的に進めたとて、**先生や学生は、年齢などぜんぜん気にしない**ということ。ぼくは四〇代なのに、再入学した早稲田で就活生や塾講師のバイトに間違われたことが何度もあります。全員参加の必修授業の担当だった、年齢的にはぼくと六歳しか変わらないはずの米村健司先生には、当てられた時に大教室だったからか「スーツ着てるけど就活か？」と聞かれ、再履修の中国語で隣の席だった一学年下のSくんには「塾講のバイト？」と聞かれました。ちゃんとぼくの顔を見れば明らかに四〇代のはずですが、二人ともよく見ていない、というか大学という空間で相手の年齢なんて気にしていないのです。

ちなみにぼくは中国語の再履修を六年生まで繰り返し、後輩たちに秘かに付けられたあだ名が「伊藤再履」でした。朝ドラ女優で紅白の司会も経験された女優・伊藤沙莉《さいり》さんが当時からそれだけ人気だったということですね。

そして、**溶け込めるかどうかを悩むより上手に距離を取ることのほうが大切**です。特に自分語りが高じた武勇伝は絶対にいりません。最初のころは、同級生たちに「聞かれたことに答える」感じの控えめな姿勢が肝要です。カウンターの寿司職人、高級料亭の仲居、西洋料理店のギャルソンのような態度を参考にしてください。ホスピタリティはあるがしゃべり過ぎず、暗さや不機嫌はご法度。とはいえ、人にはタイプがあるので無理しないでください。ぼくはもとが違いすぎるからこそ、寡黙なバーテンダー（概念）

を目指しましたが、陽気な鉄板焼きの料理人みたいになっていました。「いらっしゃいませ」「何かお役に立てることはございますか？」「ありがとうございました」「よければまたどうぞ」の精神で月日が過ぎれば、もはや「溶け込む」のではなく「溶けてる」状態。そうなったらしめたものです。「スタサプの先生やってたらしょっちゅう声をかけられるでしょう？」とよく言われますが、ぼくなんて大学の風景の一つでした。

そもそも、独りでも存在できる自由な空間である大学では、自分から何かアウトプットをしてはじめて皆の意識にのぼります。そうたとえば授業中に当てられた時のキレ味のある回答……、と言いたいところなのですが、ぼくは二年次の中国語の授業で、あまりにもテキストの暗唱ができず、同い年の中国人教員に教室の隅で立たされたことがあります。さすがに四四歳で立たされると目立ちますから、そこでクラス全員がぼくを認知したのです。

また、これもぼく自身の経験で、仕事関係の人やプライベートの友人・知人に「今大学に通ってて」という話をすると、「それはいいことだね」「うらやましい！」という反応ばかりでした。「家庭に迷惑をかけて！」「仕事はどうするの？」と言われることはありません。**学び続ける人や学び直そうとする人のことをバカにする人なんて、ほぼいないのです。**

まとめると、大学において世代違いの人間が「壁」だと思っているものは実際は「扉」です。押せば開く。とはいえ、力を込めて押すのはおっくうだし、それでも抵抗があるなら、こんな考えはどうでしょう？

大学で「学び直し」をすると決め、合格して入学した瞬間、あなたは「恥ずかしさ」を克服して「壁」の上にすでに乗っています。あとは、飛び越えるのではなく、飛び降りるだけ。「怖さ」を克服して落ちるだけなので特殊な能力は必要ありません。以上、必要なのは押す力や跳躍力じゃなく、勇気のみ。

怖くても、動こう。

学び続けた実例——五〇代女性の上京大学物語

とはいえ、まだ、「それはあなたの感想ですよね」と思っている読者もいらっしゃるでしょう。少しでも客観性を出すため、この章の最後に、「男性で仕事人」というぼくよりも一〇歳上かつ「女性で専業主婦」の実例を提示したいと思います。「学び直し」を目指す社会人の大きな二パターンかと思います。

四三歳で早稲田に入学したばかりの二〇一六（平成二八）年四月。震度三でも崩れそうな一六号館の一階大教室で、教育学部教育学科教育学専攻教育学専修（通称「四教」）の他専修から選択できる春学期の授業がありました。生涯教育学専修一年生で知り合いもいないぼくは三列目のやや左に座り、最前列中央の色白・茶髪の女性の後ろ姿を見て「一八歳くらいのはずなのに落ち着いたいい感じの人がいるなあ」と思いました。ところが彼女、机上を見ると黄色いカンペンケース。懐かしの昭和レトロ趣味？　講義中も気になって板書を筆写している手をなんとなく見ると、さすがに一〇代の手じゃなさそう。数回の講義の後、さりげなく様子をうかがって三〇代後半くらいと判断したぼくは、「よかった、学部生にも大人の人がいた」と安心しつつ、機会があれば話してみたいな等とのんきに思っていました。

じつは、大学の通常授業で社会人は極めて珍しいのです。早稲田のようなマンモス校ですら各学部の一学年に一人いればいいほうで、普通は見かけません。それが大学院との大きな違いでしょう。

翌年の秋学期、震度六でも崩れなさそうな（社会科学部に間借りしている）一四号館の中教室で、教育学部なら誰でも受講できる選択授業があり、そこではじめてグループワークが一緒になりました。

四年生で卒業間近だった彼女と話して、マジかと驚いたことが、お互い一つずつありました。彼女は、ぼくがDHCテレビ『虎ノ門ニュース8時入り！』で元ビックリハウス編集長の高橋章子《あきこ》さんとともに火曜の初代コメンテーターを務めた「伊藤賀一」だったことにビックリ！　その番組の司会のお笑いコンビ・米粒写経（居島《おりしま》一平&サンキュータツオ）さんの大ファンだったからです。

ぼくは、彼女が一〇歳も上の五〇代半ばだったことに仰天！　そうか、だからカンペンケースですか、あはは、等といいつつ仲良くなり、卒業されたタイミングで夜ご飯（というかグイグイ飲んでらっしゃいましたが）に行ったことも。

そんな上田素子《もとこ》さんは、一九六二（昭和三七）年生まれ。長崎の市立小学校を卒業した後、プロテスタントの女子教育で有名な私立・活水《かっすい》中学→活水高等学校→活水女子短大を卒業されました。活水は、気骨ある名門お嬢様学校です。一九六〇年の第一次池田勇人内閣で日本初の女性閣僚（厚生大臣）となった中山マサが戦前の高等女学校時代のOGとして有名です。

一九八一年には四年制の活水女子大学も開学しましたが、上田さんはその前年に短大のほうへ入学、編入せずそのまま卒業されています。六〇代以上の人はうなずかれるでしょうけど、昭和後期の女性はそれが普通というか、「短大卒」はエリート感すらありましたよね。

一九八五（昭和六〇）年、第二次中曽根康弘内閣により**男女雇用機会均等法**が制定され、翌年から制服でなく私服で闊歩《かっぽ》する女性の「総合職」たるキャリアウーマンが登場、制服を着た従来通りの「一般職」たるオフィスレディ（OL）と分離しました。それでも四大卒の女性総合職は「均等法世代」と白眼視《はくがんし》され苦労したといいます。

現在は、あの青短（青山学院短期大学部）ですら閉学してしまうほど、短大人気はなくなっています。二〇二七（令和九）年度までに短大四五校が募集停止、というニュースには驚きました。また、「女性一般職」という言葉も使われなくなり、従来の一般職的な仕事は、男女を問わず派遣社員やパートタイマー……、そしてＡＩ（人工知能）に置き換わっていっているのが実情です。総合職も一般職も死語に等しい表現でしょう。

とはいえ、二〇一五（平成二七）年、第二次安倍晋三《あべしんぞう》内閣により**女性活躍推進法**がわざわざ制定されたほどですから、働き方の形態によらず、女性たちの「ガラスの天井」は、いまだ突き破られてはいないのです。

上田さんは、内科医のご主人（旦那さん・夫の方《かた》……書き方に悩むのですが仕方なくこれで統一します）と二人きょうだいの姉・弟を育てられました。お嬢さんは名門・県立長崎西高校から東大を受験したのですが入学は果たせず、それでも現役で早稲田の政経学部に進まれました。その後、息子さんが同じく長崎西高校を卒業して受験（北九州予備校長崎校で一浪して鳥取大学医学部へ）。そういったタイミングで自身も早稲田大学教育学部受験を決意されたのには理由があります。

そもそも上田さんはちょっと面白い人生の方で、二人の子をもつ専業主婦だった三四歳のとき、「ずっとやってみたかった」という理由で女子サッカーを始めます。高校生以上が参加するクラブチームに選手として所属し、約一〇年間試合に出られていました(凄《すご》い!)。練習は、夜にナイターで行うことが多いのですが、年齢的に視力が落ちて球が見えない状況になってきて、ケガもたまたま重なったことから四四歳で引退されたそうです。

サッカー選手を辞めた四五歳の専業主婦が、毎日大好きなお酒を飲みながら「次にやってみたいこと」として大学受験にシフトチェンジされたのが、息子さんの受験と同タイミングだったわけです。

二人の子の県外への受験を親としては経験されているわけで、娘さんが入学された早稲田大学進学に興味が湧くのは自然なことですね。でも実際に受験してみようと思い、数年に及ぶ長い受験勉強の果てに合格して上京、入学後に四年間通学して卒論も提出して卒業された人はなかなかいないでしょう。

ご主人に相談すると、「(サッカーを辞めた酒豪の妻が) **このままキッチンドリンカーに**

なってしまうと困る」という変わった理由で、どうぞ四年間東京に行ってきなさいと大賛成してくれました。

息子さんが通われていて縁のあった映像予備校で、自習室も使える東進ハイスクールに四六歳で通い始め、「現役」の一年目は不合格、「一浪」の二年目もまた不合格、「二浪」状態で迎えた三年目もまたまた不合格……。それでも当初はちんぷんかんぷんの部分も多かった受験勉強自体は、忘れていたり欠けていたりした一般教養を補っていくようで楽しく、何より、しんどくてもこんなに**個人ががんばればがんばっただけ結果が数字にストレートに出るものはない**（たとえばサッカーはチームプレー）からこそ、せっかく積み上げてきたものがゼロに戻るのももったいない、という思いも強く、自宅浪人（宅浪）に切り替えて「三浪」で四年目に突入したそうです。

起床後、炊事洗濯など朝の家事を済ませ、一〇時から開館する市立図書館にバスで行き、一六時まで自習室で勉強してバスで帰宅、夕食準備や掃除などの家事を済ませ、夜の食事後は飲んで寝る。図書館休館日の火曜だけは家事に専念し、飲んで寝る。勉強は週休一日、本人の休肝日はなしという、規則正しい生活を続けられましたが、五〇歳での受験は四度目の不合格。

苦い酒を味わいつつ最後にもう一度だけ、と決意し、背水の陣「四浪」状態の五一歳で挑んだ受験五度目にして、ついに合格！　勝利の美酒を味わうことになります。講師の立場から見れば**「合否関係なく今回で最後にする」とお尻を決めた**ことが、合格の大きな要因だったと思います。

入学後の学生生活の感想は、先日改めて電話で取材してみましたので、簡潔に箇条書きで列挙していきましょう。

まずは、よかったこととして

・若い人たちと一緒に過ごせた（しかもごく自然に受けいれてくれた）こと。
・真横から学生を見たことで、色んな親御さんの気持ちがわかったこと。
・授業を受けると興味がなかった分野の本も読むことになり、知識が広がったこと。

の三点を強調されていました。

次に、嫌だったことを聞きました。上田さんが言うには、何度思い返してもまったくないそうですが、少ししんどかったこととして、早稲田祭でのゼミ発表の準備が連日続き、とても体力が必要だったことを挙げられていました。そういえば、上田さんは、二〇一四年四月に五一歳で入学し、二〇一八年三月に五五歳で卒業されているので、二〇二〇〜二一年度のコロナ禍で学内環境が激変したことを経験されていません（ストレートの四年卒業）。ぼくは中国語の点数が足りず二留しましたから、ストレート卒業は尊敬します。ちなみに早稲田は**一科目のみ落として留年した場合のみ学費が半額**という素敵なシステムがあったのでそれには感謝しています。

上田さんは最後に、わかったこととして、

・五〇代の自分が学生に寄せる必要はなく、自然体でいていいこと。
・特に卒業後の目標がなくても＝意識が高くなくても行っていいこと。

を挙げられました。ぼくの場合とはここが違うのですが、正直、卒業後に長崎に戻ると周囲の人たちからは、「五年受験勉強して、上京して四年通って教育学部を出て、結局何がしたかったの？」と言われたそうです。確かに、教員免許を取って教職に就いたり、子ども食堂を運営したりするとか、目に見える形に残る何かがあったわけではないですからね。「（教職課程すら取らず）自分探しだったの？」「学歴コンプレックスがあったの？」と誤解されるのは仕方ない面もあるでしょう。しかし上田さんはいつも、専業主婦も十分社会につながっているとおっしゃり、学歴コンプレックスなんて欠片《かけら》もないことは何度か一緒に飲んでいるぼくがよく知っています。本当に純粋に学びたい！　と思って大学に行っても良いのです。

そういえば、ぼくが留年一年目の二〇二〇年の秋、コロナが多少落ち着いた頃を見計らい長崎を訪ねていったら、稲佐山の素敵なレストランで鉄板焼きをごちそうしてくれました。今のところ、人生の「素敵な景色を見ながらの食事ランキング一位」を独走しているので、その時撮った写真を次頁に載せておきます。

上田さんは、ぼくにとって、本当に貴重で素敵な社会人学生の先輩で、電話取材の最後に「でも、この取材の役に立てたから、なんだかちゃんと大学に行った意味が見いだせました」と言ってくれました。なんて格好いい先輩だ、と思っていたら「教育学部の院に興味がないわけじゃなくてね、でも……」と話されていたので、「ぜひぜひ！　ぼ

稲佐山の夜景

くも国立理系出たら院に戻りますので、二〇二七年に新築される九号館で会いましょうよ！」と強く背中を押しておきました。

一度学び直しを決めれば、その後はおのずと学び続けたくなるものなのだろうと思います。やっぱり「学び続ける」ことは素晴らしいな、と痛感する取材でした。

コラム③三つめの学校――中学校

ぼくが進学した**市立・中京《なかきょう》中学校**は、かなり荒れた学校でした。成基学園という京都市内では有名なエリート進学塾に通っていた中学受験の成功組が、一割ほど抜けたことも関係があったかと思います。

ぼくは学外の道場で四歳から空手をやっており、学校でも水泳部に所属して打ち込んでいましたから、いじめられるということはなくギリ大丈夫でしたが、もう教室はアフリカのサバンナや南米のジャングルの動物たちみたいなサバイバル空間で、その証拠に、ぼくの右手にはナイフで切られた痕があるし、左手の拳にはいくつもの目立つ傷が残っています。

あと、中学校には母校を筆頭に四校の出身者が入り交じっており、**圧倒的な多数派の**

小学校出身だったことは本当に楽でした。こういうのは今でもあるあるでしょう。少数派の残り三校の出身者は、特に男子の場合、先輩後輩を含め不良グループの派閥があるので、どうしても不利な状況に追い込まれます。女子はまた違った派閥争いがあったようですが、男子の場合はいくら個人的に身体が大きくて体力があっても、少数派だとOB含む集団の力でやられてしまうからです。

ただぼくは、小学校の卒業式に一学年上の中学生が大量にやってきて、何人かのガラの悪い先輩に胸ぐらをつかまれ威嚇《いかく》されたほど、先輩たちから目をつけられていました。こういうのって理由があるようでないもんです。目をつけられるときはつけられます。それでも入学してからヤラれなかったのは、①学外の空手道場の先輩がいたこと、②年子《とし ご》だった兄が学内にいたということ、③強い部活である水泳部に打ち込んでいた（=先輩・同級生・後輩も学内ヒエラルキーがそれなりだった）ことが大きかったのでしょう。

兄や弟もずっと空手道場に通っていたし、運動神経や学業成績も悪くない。そして、小学校時の習い事だったスイミングスクールやカブスカウトなどの先輩後輩もそれなりにイケてる人が多いこと（関西なので「おもしろい」が大事な要素でした）なども手伝って、なんとかやっていけていたように思います。

地域の縦横のつながりが深くみんなが顔見知りであるために、**家族の存在、部活や習い事メンバーの存在は、頼もしければ助けになり、逆ならばいじめの理由になってしまうので、**地元の学校というのは本当に難しいところですね……。

さて、よくもわるくもドキドキしながら入学した中学の一年生の担任は、二〇代後半の数学教師・N先生。彼女はとても大らかな優しい人で、先生としてより、正直、女性として好きでした。なんでこんなことまで書かにゃならんのだ、と思いますが、中学生は性に目覚めるメインの時期なので、大事な話です。無邪気な憧れ、とかではなく、女性として意識する初めての大人でしたね。そういえば、二年時の球技大会でバレーボールのネットに左目の眼球付近を引っかける大怪我をしてしまい、もう担任じゃなかったN先生の軽自動車で眼科に送ってもらったことがあったのですが、失明するかもしれないのに「ケガしてラッキー♡」と思っていたほどです。ただ、運転席の先生が「あのね、今度結婚して名字が変わるの」という爆弾を投下してきたので、その後の記憶はほとんどありません……。

二年生の担任は、五〇代の体育教師・Y先生でした。彼はぼくをクラス内のIとOとともに「中京中学の三バカ」と呼び、（もともと荒れた学校なのに）よからぬことがあればすべて三人のせい、と信用してもらえていない感じで、すっかり勉強のヤル気を失い、授業中も屋上に行ったり校舎の裏に行ったりして、男女グループでつるんだりするようになりました。

そのうち通知表は下がりに下がって九教科オール三でも取れるはずの二七すら下回る合計二六に。定期テストも、得意だったはずの社会や国語すら流し、体育と水泳部と学校外の空手道場だけはきちんとやっているような状態でした。人生で塾に行ったこともなかったので、ぼくはいよいよバカになるなあ、と思っていました。そんな時、水泳部の友人Tが福武《ふくたけ》書店（現在のBenesse）の『進研ゼミ中学講座』をやっていたのを見て、友だち紹介のプレゼントが欲しかったこともあり、一一月から始めてみました。学校外での学習体験はこれがはじめてでした。

そしたらこれが上手くハマって、楽しいのなんのって！　もともと不得意な数学と、中一時には教科書を丸暗記するほど好きだったのに授業を聞かなくなった英語はさておき、社会と国語と理科はみるみる回復していきました。**多動気味で自己管理が苦手なように見えても、意外と通信講座に向いている人はいる**のです。

イラストの多い紙面は見た目にも楽しく、各科目担当の先生も絵で登場して人柄が出ているし、添削の先生のびっしり返ってくる赤ペンは「相手にしてくれている」感が満載だし、付録の冊子は全国各地の同級生とつながっている雰囲気があって、抜群のモチベーションUPにつながりました。

このように、冷めていた自分をまた「学び」に向き合わせてくれたことに感謝し、恩返しだと思って、大人になってからも数年おきに『進研ゼミ高校講座』を取ったり、娘と息子には『こどもチャレンジ』に続き『進研ゼミ小学講座』を取ったりしてきました。今は競合のリクルートのスタサプ講師だからといって、それとこれとは別の話ですからね。

話を戻しましょう。中二時は学校でやんちゃばかりしていたので、冬に廊下で顔面を不意打ちで蹴られ、コンクリートにおでこを強打してレントゲンを撮ったのですが、その時、正面から自分の頭蓋骨のレントゲン画像を見て「男前も美人もへったくれも骨になったら関係あらへんやんけ」と気づき容姿を気にしなくなったのが、この学年の収穫でした。

Y先生に対してはこちらも心を閉ざしていたので、何の感想もありません。悪い人ではないけど、正面から生徒に向き合う気力を失った元熱血教師という感じです。あんなに毎日会っていたのに、そんなイメージでは、お互いに不幸ですね。

三年生の担任は、ジャージが似合う二二歳の新人体育教師・Y先生でした。彼は、翌年に京都で国民体育大会＝国体（現在の国民スポーツ大会＝国スポ）が開催されることに合わせ、ソフトボールの強化選手として特別採用された、長身のシュッとした若いアンちゃん。兵庫県の東洋大姫路高校から東京の東洋大を出ており、新社会人のわりに世間がそれなりに広い感じで、とくに地方では新鮮な印象を受ける人でした。

ぼくは、人生初の塾通いをしようと、三年が始まる直前の春休みに**地域塾「北山教育センター」**（通学路途中にある二条駅前のビルの二フロアーを占める中規模塾）の入塾試験を受けました。しかし、一緒に試験を受けた、例の進研ゼミをすすめてくれた水泳部のTと、泳ぎが一番速いKが真ん中のクラス所属になったにもかかわらず、ぼくは「最低クラスなら入ってもいいが入塾自体をやんわり断られる」状態に。理由は三つあります。入塾試験が苦手な数学と英語のみだったことと、二年時のやんちゃのうわさ、そしてそれを裏付ける通知表の悪さでした。

結果を見た母親がすぐに電話していたので、気の強い性格からしてタンカ切って断るのかなと思ってたら、「ウチの次男はアホと違います！　一緒に受けに行った水泳部の二人と同じクラスで余裕ですわ」とかめちゃくちゃなことを言ってる。塾長も副塾長も母と同世代の三〇代半ばの方で気が強く「は？　そこまで言うなら勝手に入ったらええですわ」とかめちゃくちゃで、試験の意味がなくウケました。

入塾してすぐ、京都府立医大の学生だったE先生と京大の学生だったI先生に英語と数学を習いました。正直苦手すぎて大して伸びなかったのですが、授業はとても楽しかったです。**中途半端な社会人に習うより、優秀な大学生に習ったほうがよい**ケースは、現在でも塾や家庭教師など受験指導に限れば、多々あります。国語の副塾長・山本先生はＪＰＳというイギリスのタバコを吸っている姿が印象的だったキツめの美人で、理社の塾長・鎌田先生は竹刀《しない》を振り回して暗記させる、（近年問題になっている）伝統高校の校歌指導かよと思うほどの鬼教師でしたが、とにかく四人の先生がとても熱心で、週四回の塾通いは快適。

ただ、塾に関してこれはやめておけばよかったな、ということもあります。父方の叔母のすすめもあり、母が夏期講習だけは外部のものに申し込んでいたのです。前年に一歳上の兄が、そのようにして知り合った先生に秋から家庭教師に来てもらい、そこそこの合格結果（私立・花園高校の準特進）を残していたから次男のぼくもそれで、と思ったのでしょう。しかし、これはよくなかった。

これは講師として断言しますが、**通年授業に通っている塾の季節講習は必ず受けたほうがいい**です。それを前提にカリキュラムが組まれているのと、何より先生方との信頼関係にヒビが入りかねないからです。夏期講習に行かなかったのはぼくと例のＴのみ。ぼくもＴも感想の第一は「塾と違ってクーラーないから暑すぎて勉強でけへん」でした。夏休みに学校に通った経験がないので、京都の酷暑をナメてました……。なのでこれも断言できますが、「**教室や職員室にエアコンをつけ、温度をケチらないこと**」**が成績を上げる最高手段**です。これは大学・大学院や塾・予備校でも同じ。生徒・学生も教育・職員も効率やモチベーションが上がる、とまではいかずとも、少なくとも下がりませんから。環境を整えるのは大事です。

実際その夏期講習ではたいして成績は伸びず、以後は大いに反省し、冬期や直前の講習は自塾のものに通い、ぼくは第一志望の高校に合格できました。

さて、第一志望の私立・洛南《らくなん》高校は、特進クラスのⅢ類（A・Bの二ランク）なら九教科合計四〇、主要五教科はオール五の通知簿が受験の必要条件でした。これはとてもじゃないけど無理で、そもそもそこら辺の町塾に通っている身で、特進クラスの入試問題が解けるはずもありません。

そこでぼくが志望したのは普通科のⅠ類（準特進・普通・スポーツの三ランクあり）。ここは九教科合計三六、主要五教科はオール四以上かつ五が三つ以上が受験の必要条件でした。これをクリアしていればとりあえず受験資格がある、ということです。ちなみに自動車科という名称がついている工業科のⅡ類は、全国からのスポーツ推薦者のために設置されていたようなところもあるので、どちらにせよ無縁でした。

その頃には学校内で実施される業者テスト「北大路（埼玉県でいう北辰《ほくしん》テストみたいなもの）」では総合で上位一〇％には入るようになっていましたが、前述したように中二の通知表が悪すぎたので、学年の先生たちのほとんどはカンニングだと思っていたはずです。

ここで我らがソフトボール選手、中三担任であったY先生は、ぼくの好成績を素直に捉え、「知ってる先生がおって言われたんやけどさ。お前、特進通いながら水泳部入る気ないか？」と、父の母校でもある私立・東山高校の特進クラスをすすめてくれました。塾で受けた全国模試の成績もY先生には言っており、平泳ぎの選手としての力もそこそこだったので、先方に話したところ興味をもってくれたのだと思います。事実上の推薦のようなものですね。これはうれしかった。今でも生涯ベスト五に入るほどです。なぜか？　第一にY先生がぼくの文武の力を信用してくれたからです。第二に「人から必要とされる場所」を人生で初めて提示されたからでした。

しかし、ぼくは「自分の行きたい場所」として先に志望校を決めていたことと、偏差値も水泳部の強さも相対的に上の洛南という厳しい環境に自分を投げ込みたかったので、自力で何とかしてやると思い、大感謝しつつ、両親にも事後報告ですすめを断りました。その時、Y先生は頭をかきながら「じつはな、各教科担当の先生らが、伊藤みたいなもんは洛南受けさしたらあかんやろ、て言いよんのよ……。でもええわ、行け。俺がうまいこと言うとくけん。意外と受かるかもしれんけんな（笑）」と言ってくれました。

二学期の期末テストの結果、ギリギリ受験の必要条件をクリアしたぼくは、結果的に合格することになります。ちなみに洛南の受験者は全校で三名だけでした。違うクラスのTが特進に合格（のち一浪で京大に進学）、同じクラスのYが九教科オール五すなわち四五だったのに普通科に落ちて堀川高校に進学（卒業前に殴り合いのケンカをして決裂したので不明）、そして内申三六のぼくが合格したのです。Y先生は「少なくともYは受かると思とったけど、まさかお前とはなあ（笑）」と驚きつつとても喜んでくれました。

この瞬間、ぼくは小学校教員の志望から中学校教員の志望になりました。移り気な性格もありますが、得意な社会科を教えながら運動部の顧問をしたい、そして、学校の内申点がイマイチでも、本人の適性を考え意志を尊重するような進路指導をする担任に自分がなりたい、と思ったのです。昔からテレビで視《み》てきた『金八先生』の影響も大いにありましたが、この出来事が決定的でした。Y先生がいなければ、今のぼくは絶対にありません。本当に感謝しています。

小学校でもそうでしたが、ぼくは最終学年（小六・中三）の担任だった二人の男性教師からの影響がとても強く、教員志望になったのでした。

義務教育段階の教員は、間違いなく人生を左右します。人の心身に直接触れる医師や小中学校の教員は、それだけの覚悟をもっている人以外は、就いてはいけない職業だと強く思っています。

第4章　大学・大学院での「学問」ってなんだろう？

学問と勉強の違い——能動と受動

学問と勉強は何が違うのか？　主に高等教育で展開される「**主体的・能動的**」な**学びを学問**といいます。これまでこうだ、と思われていた定説に対し、こうではないか？と仮説を立て、挑戦していくのが学問。いうなれば「**攻め**」**の学び**で、これを担うのは大学・大学院の**学生**です。

それに対し、主に中等教育までで展開される「**客体的・受動的**」な**学びを勉強**といいます。現在確定されている知識を順序よく整理して覚えることが中心となります。伝統的に決まったカリキュラムに沿って先生や参考書から教えてもらう、いうなれば**守りの**「**学び**」で、これを担うのは、幼稚園・小学校の**児童**と、中学・高校の**生徒**です。

近年は、中等教育機関の高校と高等教育機関の大学の間で「高大接続」が注目されており、中高一貫校なら六年、高校なら三年、学問「風」の主体的学習が展開されていますが、その効果のほどはイマイチわからないどころか、一部を除けば不評と言っていいと思います。

なぜでしょう？　ぼくなりの考えを以下に書きますね。

勉強は「勉《つと》めて強《し》いる」とはよく言ったもので、初等教育（幼稚園・小学校）での学習方法そのものの習慣化と、基礎中の基礎を見よう見まねで教わる「学び＝真似《まね》び」の後の、中等教育（中学・高校）の定期テストや入学試験の際の「学び」が、いわゆる勉強になります。この勉強で得られる知識をおろそかにしていると、高等教育の学問の土台が崩れ、「学問」に移ることができません。定説が理解できず仮説が立てられなければどうしようもありませんからね。

だからこそ、大学では現在「**リメディアル**」教育（＝学習の遅れた学生に対して行う補習教育・治療教育）が盛んなのです。土台を大学でもやり直そうということです。これは、選抜性の低い大学だけの問題ではなく、ぼくの進学した早稲田大学教育学部でも、当時は土曜の一・二限から「基礎充実英語」というクラスがありました。テキストは「That is a hat.（あれは帽子です）」から始まり、英語の授業なのに「England」の綴《つづ》りが書けない人が二六名中一〇名いて先生は天を仰いでいました……。

それに、学校の先生方の中で主体的学習のファシリテーション（＝集団で問題や課題を解決するために認識を一致させたり相互理解を促したりするサポート）が上手な方はごく一部で、その先生だけに負担が集中することも問題ですし、これが苦手な、ただの司会者（ＭＣ）系先生や傍観系先生に当たってしまった生徒は、学問「風《ふう》」の風を吹かせられるだけなのです。

また、文部科学省の学習指導要領では、社会生活に必要な要素が、国語・数学・英語の主要三教科に加え、理科・社会という副教科、現在では情報を合わせて六教科に集約されています。体育・音楽・美術・家庭は別の要素も強いですが、もちろん勉強の要素を含み、計一〇教科のカリキュラムはよく練られています。高大接続という前に、この一〇教科を勉強し、土台を作ることが重要なのです。これの何がいけないのでしょうか？　主体的「学問」がえらくて、客体的「勉強」はえらくない、そんな思い込みのようなもので判断していませんか？

受験業界に嫌われるようなことを正直に書けば、同じ中等教育である「中高接続」は大いに賛成ですが、大学進学率は六割を切っているわけです。約四割の生徒が「高大接続」の傾向に巻き込まれている現状は、けしからん、とまでは言いませんが、いかがなものかと思っています。

学びに優劣はない——リスキリングもリカレントも

勉強や学問を含め、**「学び」をバカにする人はいません**。どんな学校でも、どんな職業でも、どんな家庭でも、「学び」はあらゆるところに存在しますよね。そして資産（動産・不動産）と違い、裸でも身についている寝るときも水中でも自分の一部になっていて絶対に奪われないもの。それが「学び」というもののすばらしさです。

ただ、大人になって学び直しを考えたときに出てくるのは「リスキリング」より「リカレント」のほうがいいのか？　という疑問でしょう。

「**リスキリング**」とは、企業や役所で働く、働こうとする人が、円滑に仕事を行ったり採用されたりするために「必要なスキル（技術・能力）をやり直す＝アップデートする」ことをいいます。ＰＣスキル、実務的な英語などが代表的なもので、後ろに教育という言葉をつけないのが普通です。

それに対し、「**リカレント**」方式とは、まず「フロントエンド」方式の対義語です。ふつう、私たちは人生の頭部分（フロント）で初等教育・中等教育や必要なら高等教育を受けますね。その後、働いて、人生のお尻部分（エンド）でカルチャースクールや大学の市民講座に通ったりすることもある。そういう学び方をしているでしょう。これに対し、大学卒業後→働いて→必要な時期に大学・大学院などに戻り→職場復帰して働いて→必要な時期に大学・大学院などに戻り……→職場（転職でもいい）……など、フロントからエンドへの一直線ではなく、クネクネとヘビのように学校と職場を往《い》ったり来たりすることです。

結論から言いますが、どちらでもいいです。人それぞれ。職業上、リスキリングが必要な時期もあれば、リカレントがしたくなる時期もある。抱えている事情はそれぞれ。ともに「学び」なのです。どちらかといえばどちらもずっと続けている人の方がすばらしいと思います。

ただし、ぼくのように大学にわざわざ時間とお金を割いて行くのは、リカレント方式の典型でしょうね。

現状を知っていますか？――諦める前に

第3章の最後の方でも触れましたが、高等教育である大学や大学院を「学び直し」に使おうとすると、元のイメージだけで、とたんに怖くなる人が多いです。だからこそ、**客観的・数値的に現状を確認する**ことから始めましょう。

過去を含む世代・性別ごとの大学・大学院進学率、志望する大学・大学院の入試システム、たとえば大学の学部・学科ごとの入試日程・試験科目・現浪比率や倍率などはすぐにわかります。独立大学法人として国の助成金を受けている立場である大学の情報公開は進んでおり、パンフレット等を取り寄せずとも、**大抵のことはネットで一発検索できます**。募集要項がそのまま読めますし、わからなければ直接問い合わせれば、とても丁寧に教えてくれます。

入学願書もネット上にあり、出願時にはそこから必要な部分をプリントアウトして郵送する形が普通です。ただし、**高校の卒業証明書・成績証明書を取り寄せる必要があり**

ます。卒業証明書は高校さえ存続していれば何年卒でも発行してくれますが、成績証明書（いわゆる内申書）は、一定期間がすぎれば破棄していいことになっており、「そのような事情で証明できません」という書面を高校からもらう必要があります。すでに統合などで廃校になっている場合は、大学の入試センターに直接問い合わせる形になりますが、あちこち問い合わせていれば最終的に誰かが丁寧に教えてくれて解決策を提示してくれるので、聞けばいいだけです。すべて匿名で問い合わせられるので、内気な性格もへったくれもありません（とはいえ電話するのは緊張しますけどね……）。

また、そもそも中学卒だったり高校を中退している人は、国家試験である**高等学校卒業程度認定試験（高認）**（もとの大学入学資格検定＝大検）を受験して合格すれば高卒の資格がとれます。

現代は、中等教育の学びも、通信制高校、通信と通学のハイブリッド型高校、発達障害を抱えた生徒さん向けのサポート校などさまざまなパターンがあります。日本は教育先進国に比べスピードは遅いかもしれませんが、なんだかんだで、やはり多様化は進んでいます。

とにかく、現状はこうこうで、こうすれば受験できる、という手順を知っておくことは大事ですし、調べている最中にモチベーションが下がればやめればいいし、上がればゴキゲンで受験すればいいだけです。別に相手は逃げやしませんから、**すべては自分のタイミング**で。

大学の「ランク」――イメージに振り回されない

現在の大学ランクは、世代によっては衝撃を受ける人が多いと思います。少子化が進み共通テストの受験生は五〇万人を切り、首都圏の難関私立・GMARCHや関西圏の難関私立・関関同立の地位も数年で細かく変動しています。特に首都圏の女子大学（津田塾・東京女子・日本女子など）の落ち込みぶりは信じられないほどで、明治・青学の躍進や法政のオシャレ大学化、関学の停滞と産近甲龍の一角・近大の接近（医学部もってますからね……）などは注目ポイント。首都圏の有名私立・日東駒専では、日本大学が相次ぐ不祥事のダメージが大きく、東洋大がトップに躍り出た感もあります。

全国的な難関私立でいえば、早慶上から上智が脱落気味でICUとセットにされる一方で、理系なら東京理科大学を含め早慶上理とまとめることもあるなど、社会人は現状の偏差値表を見るとそれなりに驚くことは間違いないです。

そして、たとえば転勤や結婚で都会に出てきている場合、地方の国立至上主義が異様な状況だということに気づくはずです。また、各地に聞いたこともない公立大学が突然誕生し、偏差値が低空飛行していたりなど、正直、地域性を背景とする主観も入ってくるのでよくわかりません。新しい情報が正しいので、自分自身に関連する部分を、冷静に見てみてください。

試しに上位校限定でぼくのもやっとした主観を簡単にランキング化し、便宜上数字をつけてみました（学部の上下は加味せず世間的なイメージ）。

1　東大・京大　2　一橋・東京科学・阪大・国際教養大　3　早大・慶大・神戸・東北・名大・九大・北大・筑波（悠仁さまもご入学）　4　上智・ＩＣＵ・理科大・外大・都立大・お茶女・横国・広島　5　明治・青学・立教・同志社・東京学芸・千葉・金沢・岡山・熊本　6　中央・法政・学習院・立命・関学・関西・新潟・埼玉・長崎・鹿児島　7　成城・成蹊《せいけい》・明学・國學院・芝工・南山・近畿・西南・岩手・群

馬・鳥取・大分・琉球《りゅうきゅう》　8　東洋・日大・専修・駒沢・東京都市・北海学園・東北学院・福岡など

あえてざっくり書いてみたのですが、違和感のある人は多いと思います。文系・理系（特に**地方国立は理系が高い**）や学部（**医学部は超難関**・中央は法学部が突出）などを加味していませんし、出身地・居住地、親族の思想的影響などにより、大学の学校歴の感じ方は人それぞれです。

ということをわかってほしいので、わざとザワザワするようなことを書いてみました。異論やクレームは受け付けておりません。あしからず……。大学の「ランク」というのはいわばちょっとした幻想ですから、学びたいことを学びたいところで学んでください。

学内ヒエラルキーについて——早稲田の場合

大学ランクと同じくらい「幻想」ではありますが、各大学の学部間にはいわゆる**学内ヒエラルキー**がありますよね。東大なら理Ⅲと文Ⅰがそれぞれすごくて、東北大は理系が幅を利かせ、早稲田なら政経、慶應なら昔は経済で今はぶっちぎりで医学、中央は法学部の法学科が別格で、上智の外語や青学の英米などなどもすごいとされています。また、キャンパスでも差があったり。ぼくが一八歳から通った法政大では、二三区内にある市ヶ谷キャンパスのほうが、多摩キャンパス（留学生がハンマー振り回したところ）や小金井キャンパス（「法政の裏技」というあだ名アリ）より上のような扱いでした。

四三歳から通った早稲田では、東大落ちが集まる政経が看板学部で次が法。社学は偏差値では追いついているのにそこまで評価されていません。昔の社会科学部は、政経・法・商の二部（夜間部）を合体させたもので、「社学のシャシャシャ」という超失礼な替え歌までありました（「空にキラキラお星さま♪みんなお家に帰るころ♪社学は家を飛び出して♪」）。近年では、二年次の留学が義務づけられている国際教養学部（通称ＳＩＬＳ）もなかなかですが、やはり社学と同じで政経・法の後塵を拝しています。伝統の力はやはり強いということです。で、忘れてはいけない商学部は政経・法落ちの「バカで商」と言われていた時代もありますが、やはり伝統学部で、少なくとも社学などと同評価はあります。大学院の会計研やＭＢＡコースも素晴らしいですしね。

あとはオマケ的存在として文系・理系が揃っているわが教育学部。早稲田キャンパス

「アイム早稲田」講演会

「本キャン」内では最も舐められていますが、しかし、あの「日本のシンドラー」杉原千畝《ちうね》や「トリノ金」荒川静香、「ハンカチ王子」斎藤佑樹、「そんなの関係ねぇ」小島よしおら個性的なOB・OGを揃え、私学唯一の高等師範学校だったプライドもあり、それなりに楽しくやっています。

　他にも、徒歩圏内の別キャンパスでは、OB・OGに村上春樹や多和田葉子のいる文学部や文化構想学部は女子が多く、理工系三学部は男子だらけですが研究施設はすばらしく充実しています。あと、人間科学部とスポーツ科学部のある所沢キャンパスは「都の西北、そのまた西北」と言われていますが、体育会が大活躍しています。

　こんなこと書いて大丈夫か？　と思われるかもしれませんが、法政大学出身のぼくに二〇二四年一〇月、大隈講堂で二時間「アイム早稲田」という単独講演会の依頼をして

くれるくらい（写真参照）早稲田は懐が深い大学なので、大丈夫だと信じています（笑）
そして最後に、早稲田の楽しい情報は英字新聞サークル「早稲田ガーディアン」が毎年出している『早稲田魂《だましい》』という冊子をご参照ください。二〇二五年度はOBたるぼくのロングインタビューも掲載される予定です。

知識ってなに？——ネットで一発検索できる時代に

教養科目の極みでもある社会科の講師をやっていると、「ネットで一発検索できるのに知識って意味あるんですか？」「ChatGPTに聞いたほうが早くないですか？」とよく言われます。

それに対する答えは、「スマホでググり（＝Google検索し）ながら話すの？」「教本見ながら車運転するの？」です。人間関係も車も事故りますよ。

追加して言えば、そもそも**知識がなければ検索できない**です。仮にできても、欲しい情報になかなかたどり着かない。タイパ重視だからこそ考えずに検索してるのに、異様に時間がかかる。

また、「社会科なんて勉強して何の意味があるんです？」と、定期テスト・入試などに苦しむ生徒さんが無邪気に聞いてくるのはわかりますが、いい歳をした大人が聞いてくることもあり、こう返します。「ずっとそれを仕事にしてきた人に対し、それを平気で言えるような社会性のない大人にならないためです」と。この返答例をX上で「正面から答えないで逃げてる」と言われたことがあるのですが、仰天しました。これ以上に真正面、ド直球の答えを思いつかないからです。プロの野球選手やサッカー選手、ゴルファーに「いい歳して球遊びしてるんですか？」と聞く大人はヤバいでしょう？

まあでも、主要三教科ですら「英語なんて翻訳機あるでしょ」「数学なんて計算機あるでしょ」「古文漢文なんて必要ない」と言われる時代です。逆に「数学やってなきゃ論理的思考が身につかない」「理系知らなくちゃスマホだって存在できない」と上から目線で攻撃的な人もいます。すべてある意味では本当のことですが、それは一面を捉えただけのこと。賛否があるようでどちらも似たようなものです。

一度しかない人生で、それでも必要だと思う人が、時間とお金を遣い学ぶのです。先ほども書いたように、生徒さんならわかる。だから、歴史なら「すごく成功したり大失敗した先輩の話を聞くのは、そんなに無駄かな？」とか、意義をコツコツ伝えていくのが、大人の役割なのです。

芸術は不要？――武器と防具だけでは夢がない

以下は主観＝ぼくの考えになりますが、書かせてください。これまでにも書いてきましたが、以前は大学進学者が少なく希少価値（＝レア力）を発揮できたことから攻めの**「武器」**になった学歴は、現在では守りの**「防具」**だと思います。みんな持っているから武器にはなりにくくても、少なくとも「高校卒業時点での学力がこれだけはあった」「卒業できる程度に思考できる人間だ」という客観的・具体的な証明・保障になるからです。

では現代で「武器」っぽいのは何でしょうか？　二一世紀に入ったころから英語などの語学・デジタル知識・金融知識が〝三種の神器〟などと言われてきましたが、果たしてそうでしょうかね。それも皆がもつようになれば「防具」に変わりますけれど。とにかく「武器」は希少価値のあるもの、レアカードです。免許&自動車の保有は戦前なら武器だったでしょうけど、今は完全に「防具」です。それと同じように、よい大学を出た、も珍しくありません。

甲子園の優勝投手、数学オリンピックの金メダリスト、カリスマ子役なら「武器」と言えますが、なかなかそろえるのは難しい。現代社会はそう簡単に「武器」が手に入らない時代かもしれません。だからこそ「防具」を手にしたがるんでしょうね。それを「武器」を頑張って手に入れようとしない根性なしとは思いません。

さて、「土台」の頭と身体を鍛えつつ、いろいろな種類の「武器」をもち、強度の違いのある「防具」をつけて、社会に出れば地上戦で前後左右、下手すれば上下の敵と戦っていく＝食べていく必要があるわけですが、それだけでは人生は日々の暮らしの戦いで暮れていきます。

そこにあるのが「**翼**」です。夢のある話をしましょう。世界の共通言語はなんでしょうか？　それは英語でも中国語でもありません。ぼくは音楽や芸術だと思います。歌詞がわからない英語の歌に感動したことはありませんか？　ぼくは、歌詞の意味はほとんどわからなくても、テイラー＝スウィフトやエド＝シーランの曲はいいなあとしょっちゆう感動してます。中心街で流れてくるクラッシック音楽も心地よい。

絵にしても、ピカソより普通にラッセンが好きな日本人もいれば、千円札の裏に描かれた葛飾北斎《かつしかほくさい》の冨嶽《ふがく》三十六景『神奈川沖浪裏《おきなみうら》』に感動する外国人もいます。芸能も、ブロードウェイミュージカルやクラッシックバレエ、歌舞伎や宝塚やアイドルグループ、さまざまです。ちなみにぼくは、五〇代の男性なのに、二二年前のメジャーデビュー時から増田貴久寄りのNEWS箱推しです。なんでもいいんです。誰もが何らかの（人じゃなくたっていい）尊い推しをもっている。すばらしいことじゃないですか。

それから、数字も世界共通の言語であり「翼」だなと感じます。ぼくはそれを来年から理転することで、また実際に確認するつもりなのです。

「武器」「防具」「翼」の三つを使い、皆がそれぞれ、一度しかない人生を生き切りたいですね。

「学び」と向き合う前提――文理とは？

最後に、文系・理系について触れておきましょう。文系＝文学部・神学部などの**人文**

科学や法学部・経済学部・社会学部などの**社会科学**も、理系＝理学部・工学部・医学部などの**自然科学**も、突き詰めれば同じ**科学**〔**サイエンス**〕です。日本では、高等教育まで進んだ人の割合では約六：四で文系が多いのですが、世間一般の体感では約七：三、いや、明確に理系でない限り運動系や芸術系も文系とみなす乱暴な区分なら八：二で文系が多いというイメージかと思います。

この状態は、高度成長→安定成長→バブル期は経済が好調だったから気になりませんでしたが、一九九一年のバブル崩壊後「失われた三〇年」で停滞してしまっている現代日本では、語学を除けば「理系偏重」といってもいいほど、文系は軽視される傾向にあります。

「私文〔私大文系〕」「脳筋〔脳ミソ筋肉〕」「ゾス〔ゾス！と挨拶する軍隊系営業〕」「高等遊民」など、文系や運動系や芸術系を揶揄する用語はいくらでも思いつきます。また、全体の四割強を占める中等教育までの人たちの一部を「マイルドヤンキー」「ヤカラ〔輩〕」と決めつけたり、ひどいものです。

「答えが明確」だから理系が好きという人は、「答えが明確ではない」から文系が好きという発想は理解しにくいでしょうし、「エビデンスがない」と揶揄されることもあります。実際、理系が嘘をついたときが一番怖い、というのは、二〇一四年の「STAP細胞」騒動を見れば腹落ちしますね。エビデンスがはっきりしないまま＝証拠不十分のまま「STAP細胞はあります」と理系の研究者が断言した瞬間、一気に錬金術師になってしまうわけで。とはいえ文系も、先行研究の上に精緻に積み上げつづけて今に到っているので、最終的には人間個々の問題が最も重要な気がします。

そもそも、日本史や政経の講師でもあるぼくに言わせてもらえば、一九四五年の敗戦で占領されて〇歳児扱いとなった日本を擬人化すると……、一九五一年のサンフランシスコ平和条約で主権を取り戻したのが小学校入学と同じ六歳、一九五五年の高度経済成長開始が一〇歳、一九六〇年の日米安保改定が高校入学と同じ一五歳、一九七三年の高度経済成長終了が二八歳と考えています。それなりに成長するのはそこまで。その後、一九七五年の三〇歳から安定成長を続け、一九八七年のバブル景気が四二歳でイケてると勘違いし、一九九一年のバブル崩壊が四六歳で現実に気づく。以後、八〇歳の現在まで、過去を振り返りながらしょぼくれているような感じで、老いた国に必要なものは、むしろ文系的な教養だと思うのですが……。

まあ、私見はさておき。

中学・高校の受験「勉強」では、大学・大学院で客観的な科学〔サイエンス〕を「学問」するために必要な前提知識を入れておき、問いを立てる準備をしているわけです。

でも、**「勉強」も「学問」も「学び」であることに違いはありません。**

「勉強」「学問」や「文系」「理系」に限らず、「善」「悪」、「男」「女」など、二つの言葉を対比的に並べると、大抵どちらかが優位なような気がしてしまいますが、それは錯覚だと思います。少なくともこのことを、ぼくは大学に行き、さまざまな「学び」を進めたことで、より深く痛感しました。

みんなに〝おなじに〟見えている客観的視点が「世界」、一人ずつ〝ちがって〟見えている主観的視点が「セカイ」、そのすべてが大事であり、それらを合わせたものが「学び」なのです。

コラム④四つめの学校——高校

高校は、**私立・洛南《らくなん》高校**に入りました。ほとんどの人は、なぜ私立なの、失敗したの、って思うでしょう？　いやいや、時代や都道府県よって事情はさまざま。当時、京都の公立高校はレベルがイマイチで、①勉強に超自信があれば洛星《らくせい》または洛南の特進という超進学校コース、②そこそこ自信があれば同志社・立命館の附属、洛南の普通科や京都女子のⅡ類（特進）、③東山・花園・平安・大谷・成章など男子高の特進系、④京都女子・ノートルダム女学院の普通科や聖母学院の特進、が進学校扱いの〝私立王国〟だったからです。

とはいえ京都は大きな寺社が多く、どこも高校を経営しているので、たいていの私立の普通科男子高・女子高は公立より低い位置づけでしたし、男女の商業高校もいくつかあります。そういう意味では〝私立王国（仮）〟なんでしょうね。

公立は北嵯峨《きたさが》・嵯峨野・洛北・堀川・鳥羽《とば》など市内のⅡ類（特進）がようやく③④のうち半分くらいと並ぶかな、といった程度で、郊外ならもっと低いし、Ⅰ類（普通科）はまあ普通。紫野《むらさきの》や鳥羽のようにⅢ類（体育科）を設置している学校もありましたし、銅駝《どうだ》美術学校や堀川音楽学校のような芸術系の高校もありました。もちろん工業高校（伏見工業はラグビードラマ『スクールウォーズ』のモデル！）や商業高校も、です。

ただし、国立の京都教育大附属は①レベルでしたので、「日本維新の会」の前原誠司さんのように京都大学に入っても驚かないです。


そうそう、当時の東京の高校（中高一貫含む）も、学区ごとの都立トップ校があったとはいえ、凋落《ちょうらく》ぶりが激しく、やはり〝私立王国〟でした。男女の〝御三家〟（開成・麻布・武蔵《むさし》と桜蔭《おういん》・女子学院・雙葉《ふたば》）や、男子の駒東・海城・巣鴨《すがも》・城北・芝・攻玉社・桐朋《とうほう》、女子の豊島岡《としまがおか》・晃華《こうか》学園などに加え、早慶など名門私立の附属校・系列校がありました。また、国立も男子の筑波《つくば》大学附属駒場、共学の筑波大学附属・東京学芸大学附属、女子のお茶の水女子大学附属と進学校ぞろい。

現在は、当時とは様相が変わり、私立では共学の渋谷学園渋谷・広尾学園が凄《すご》い勢いで、男子の本郷・世田谷学園、女子の洗足《せんぞく》学園・鷗友《おうゆう》・吉祥女子・頌栄《しょうえい》などが奮闘。都立も日比谷・国立・西・小石川などをトップランナーに完全復活しています。

そういえば京都でも〝堀川の奇跡〟と呼ばれるほど堀川高校が進学校化し、他にも公立が復権しています。これは一つのトレンドというか、バブル崩壊後に不景気が長引き〝失われた三〇年〟になった証《あかし》でもあるのでしょう。私立より公立という流れがあったようです。

高校に限らず大学事情でも京都と東京は似ています。

京都の国立は京都大学が突出していて、京都教育大や京都工芸繊維《せんい》大、公立の京都府立大もありますが、私立の同志社・立命館もあります。東京の国立は東京大学・東京科学大学（もとの東京工業大学と東京医科歯科大学）・一橋大学が突出していて、お茶の水女子大・東京学芸大・東京農工大・東京海洋大・東京電気通信大、公立の東京都立大もありますが、私立の早稲田・慶應・上智・ＩＣＵやＧＭＡＲＣＨ（学習院・明治・青山学院・立教・中央・法政）もあります。京都・東京は、国公立に比べて私立が必ずしも「低い」という発想がないのです。

地方出身の人はもちろん、大阪・名古屋・札幌《さっぽろ》・福岡などの都市部を含め、他の地域の人は驚くでしょう？　このように、都市部や農村部に関係なく、**育った地域によって、学びの環境はぜんぜん違う**のです。

当時はまだ男子校だった洛南は、一学年約七五〇人が七ランク・一四クラスに分かれているマンモス校でした。内わけは、「Ⅲ類」が中高一貫の内部進学と特進A・Bそれぞれ二クラスずつの計六クラス。「Ⅰ類」が準特進二クラスと普通科三クラスとスポーツ科一クラスの計六クラス。「Ⅱ類」が自動車科一クラス。普通科のぼくのクラスはなんと男子五五人！

二〇二四年現在、文部科学省『学校基本調査』によれば、**日本の高校は公立・私立を含めて四六九〇校**あるのですが、そのうち、**男子高校は約二%**の九六校、**女子高校は約五%**の二六六校しかありません。

ちなみに二〇〇〇年段階では高校は五四七二校あり、当時から高校進学率は九割オーバーで変わらないことから、日本で少子化が進んでいることがわかります。そのうち、男子高校は約四％の二一八校、女子高校が約一〇％の五二七校で、男女別学は二一世紀突入以来、二〇年ちょっとでどちらも半減している感じです。

埼玉県で、計一二校ある男女別学の県立高校をどうするかで揉《も》めているニュースは有名ですが、男女別学高校のうち約七割を占める栃木県・群馬県・埼玉県の北関東の内陸三県を中心に、公立の男女別学は全国にもはや五一校（男子一九校・女子三二校）しかなく、二〇二五年度や二六年度に共学科や募集停止になる予定の学校もあり、実質的に全体の一％に満たない状況です。国立の男女別学にいたっては、東京の筑波大学附属駒場・お茶の水女子大学附属の男女各一校しかありません。

さて、高校の三年間はクラス替えがなく、担任となった四〇代の生物教師・T先生は、近畿大学の応援団出身の強面《こわもて》で、以前は偏差値がかなり低く東寺高校という名称だった洛南のOBでした。教科の力は正直ないも同然で、ガサツな面が目立ち、厳しい校則を背景とした生活指導が主な仕事。ただ、筋や義理を通そうとするタイプでぼくはかなり好きでした。「ゴリ」というあだ名で、当時、ボクシングの世界へビー級王者だったダイナマイトパンチを誇るマイク＝タイソンみたいな顔。頼りがいのある漢《おとこ》で、学校近くでスクーターの暴力的チンピラに絡まれた時は、身体を張って助けてくれるなど、ぼくだけじゃなくクラス全体から好かれていましたね。

クラス内には、高校浪人のTと、留年して二年時から合流したSがいて、ぼくからすれば一歳年上の兄と同い年でしたが、向こうがタメ語にしてくれというのでそれぞれ仲良くなりました。当然ながら男子ばかりの高校で、教員も化学の一名（二〇代後半の学園のマドンナ！）を除けば男ばかり。男だらけの空間はちょっと厳しいなと思いましたが、第一志望だったこともあり、特に不満もなく喜んで通いました。

ぼくは、一年時には、中学時代に通った「北山教育センター」の高校部に通い共学状態を週二だけ継続しますが、やはりちゃんと地元の人間関係から卒業すべきだと思い、年度末の三月に思い切って辞めました。

そして二年時には、**大手予備校「河合塾」**（駿台《すんだい》・河合・代ゼミ＝ＳＫＹと呼ばれた全国模試を実施する三大予備校の一角）の大阪校まで三年の日本史講義を受けに行くことになります。社会科は異様にできたので二年の講義を受けるつもりなどなかったし、やはり京都より大阪のほうが都会やろ、などといちびって（＝調子に乗って）飛び級で申し込んだのです。

四月の第一講、青木和子という京大の博士課程を出たオバちゃん先生の授業を受けたとき、板書をほとんどしない知的なマシンガントーク講義が素晴らしかったことに加え、「教員と芸人の中間みたいな仕事見つけた！」「参考書や問題集を書けば一般書の作家になる道も開けるかも！」と二つの気づきがあり、帰宅後、母に「東京に行って予備校講師と物書きになるわ」と豪語したことを覚えています。現在、その通りになっているからおもしろいものです。

三年時には、京都校に所属しつつ「早慶大英語」など特定大対策の講座だけ大阪校に通うというダブルスクール状態で、予備校文化にどっぷりハマります。

のちに大阪芸術大学教授になられる英語の犬伏雅一《いぬぶせまさかず》先生は、授業前に質問に行くと

「お茶行こか」、高校でも非常勤で習っていた田平稔《たひらみのる》先生は「夜メシ行こか」、土曜ラストの柴山隆司《しばやまたかし》先生に至っては「制服でも上着脱げば大丈夫なので高島屋の屋上ビアガーデンに行きましょう」と、男子高生のぼくと女子高生数名を連れていく。毎週のように色々おごってくれて、まあめちゃくちゃではありましたが、大学生の先取りみたいでおもしろかったです。そうそう、日本史の本郷真紹《ほんごうまさつぐ》先生は、のちに立命館大学の副総長にまでなられる本物の学者でしたし、甲高い声のモノマネを皆でしていた英語の島原一之《しまばらかずゆき》先生は現在も現役バリバリ。

そして大きな存在だったのが、白衣を来た学生チューターさんたち。Eさんという京大の理系男子の下宿先に、二年の最後に洛南の同級生たちと制服で泊まりにいったこともあります。三条大橋近くにある「餃子《ぎょうざ》の王将」でおごってもらい、部屋でマージャンを打った程度でしたが、これも大学に憧れるきっかけになったような気がします。また、今でも親交のある同志社の仲さんや立命館の浅野さんや後藤さんや中畠《なかはた》さんは、本当に頼りになるお兄さんたちで、大いに影響を受け（後藤さんのマンションには合格後に泊まりに行ってるほど）、ぼくは予備校内で知り合った女子高生たち（これもいまだに親交ある人もいる）と毎日のように講師室やチューター室に入り浸ったり、外にご飯食べにいったりして、まあ楽しいのなんのって！　「おはよう」と言われただけの女の子に一日惚《ぼ》れして（男子校の弊害……）、気分は完全に学園ドラマというか、生涯で一番充実した空間だったと言えるでしょう。

それも校舎長の名塩さんが先生・生徒双方を自由にさせてくれていたおかげ……なんて、さっきからばんばん実名で書いていますが、当時の先生・チューター・職員・同級生の名前は全員覚えています。「我々の時には塾・予備校なんて必要なかった」とのたまう年配の方々や、「学校の宿題と補習授業がすべて！　受験は集団戦！」とやたら攻撃的な地方の自称進学校（失礼）の先生たちに誤解されることが多いのですが、このように、学外の塾・予備校に喜んで通っている小中高生は、少なくとも「団塊ジュニア」の第二次ベビーブーマー（一九七一〜七四年生まれ）以降なら、ある程度の都市部にはたくさんいます。塾・予備校は、講師・院生フェロー・学生チューター・職員さんや他校の生徒たちとの人間関係を含め、よき社会勉強になる空間かつ家庭・学校に次ぐ貴重な娯楽や息抜きの場であり、**「サードプレイス」と呼べる精神的なよりどころ**でもあったのです。ぼくは、ポジショントークでもなんでもなく、**塾や予備校に嫌々通ってる人間なんて、中高生時代も、小・中・高・浪人生を教える講師になった後も、見たことないです**。ほぼ例外なくなんだかんだ楽しんでる。学校と違って嫌ならすぐに辞められますから。

以上のように、ぼくは男子高校生だった三年間、つねに塾・予備校を「サードプレイス」にしていました。予備校・塾ってなんて素敵な場所なんだ、と思うあまり、法政大学にようやく合格した三月一日（卒業式の日）に、中三〜高一まで通っていた塾「北山教育センター」に連絡して、翌日から時給一六〇〇円の集団授業講師になりました。ぶっつけ本番で中学生の授業をいくつも担当したのですが、初回は塾長にはクラスの雰囲気だけ褒められて、副塾長にはボロクソに厳しく指導されたことが、後々のことを考えたらいい大きな経験になっています。

そう、ぼくは大学入学前から教壇に立っている珍しい講師なのです。その後、東京の塾・予備校・家庭教師などでバリバリ働くようになりますが、「北山教育センター」には恩義も愛着もあったので、たまに季節講習期間中、数日だけ雇ってもらったりして関係が続きました。二二歳で東進ハイスクールの採用試験に合格した時も、三八歳で初めて本を出した時も、塾長にはいちばんに報告に行きました。すでに廃業されていますが、じつはサードどころかファーストプレイスだったのかもしれません。

第5章　学びの不安に応えるQ&A

最終章では、色んな状況を抱え、それぞれの不安や疑問をもつ人たちに対し、狭い経験かもしれませんが、五二年の人生と、三四年の仕事を通じて得た、ぼくなりの解答を示して、**少しでも学びを続けようとする人の背中を明るく押したい**と思います。

現代はあらゆることを「**待てない**」**時代**です。赤ちゃんは無垢《むく》でただただカワイイですが、児童になるとけっこう移り気で、小学生の親であるぼくはよく傷ついています。生徒・学生を見ていると、LINEは一行・話は一分・動画は五分で区切りがほしいという感じのようですし、新社会人はすぐにモームリと退職、若い親は子どもの成績の伸びを待てず転校や転塾をすぐに求める。オジサンオバサンは話が長い。老人はお店のカウンターで早くしろと絶叫……。

昭和生まれのぼくはイマイチ納得いってませんが、「**短いことは正義**」という世相に合わせて、短く、短く……。おっと、前置きが長い。はじめましょう。

将来が不安です

●今の社会で食べて行けるか将来が不安です（中学一年生）

年少人口（〇～一四歳）がスーパー少なく**少子化**が恐ろしい勢いで進み、生産年齢人口（一五～六四歳）がハイパー不足しまくり、老齢人口（六五歳～）が総人口の約三〇パーセントを占めるアルティメット**高齢社会**において、年少者からこういう疑問が出るのは、「そらそうよ」と納得がいきます。

もし一瞬で、昭和初期のように六〇〇〇万くらいの人口に半減するなら、狭い国土や低いエネルギー&食糧自給率を考えれば特に困りません。それくらいの人口で最終的には落ち着くんじゃないかと言っている研究者もいるそうです。でも現在の、人口比の高い高齢者を社会保障費で支えながら徐々に減っていく過程が苦しいわけです。

でも、一言で答えると「**今後のあなたの戦略次第**」。たしかに今の社会は苦しい局面にあります。でも、それが本当にそのままの直結イコールであなたの将来を奪うわけではありません。個人個人の人生としては、自分が生き残る戦略を賢く練りながら、学び続け、鍛え続けていくしかないのです。これ自体はいつの時代も一緒。続ければ不安はなくなっていきますし、そもそも人生は運と縁。たとえば左手でせっかくの運を逃さないよう女神の前髪をつかみ、右手でよきご縁を強烈な握力で握りしめて、たくましく生きていってください。以上!

先生になりたいです

●学校・塾・予備校で学んできて興味が出たので何かの形で先生になりたいです
(高校二年生)

おお、ぼくが将来の仕事を決めたのと同じ高二生ですね。解《わか》っておいてほしいのは、

学校教員・塾講師・予備校講師の違いです。学校教員は、国家資格である教員免許を取得している「**教育者**」。その仕事は、文科省の学習指導要領の範囲内＝教科書の範囲内で授業することと、部活顧問やたくさんの公務、生活・進路指導、保護者対応など。教科の受験指導は、本来の仕事ではありません。なのに、自分が習ってきた影響か、はたまた保護者や生徒の要請なのか、高校では塾・予備校講師ぶりたい教員の人が目立ちます。小学校・中学校の教員を見ればわかりますが、学校では受験用の授業などしていないですよね？

塾講師は、生徒募集営業と生徒・校舎管理と保護者対応を同時並行しつつ受験指導に邁進《まいしん》する「**会社員**」です。どんなにきれいごとを言っても企業は利益追求が目的ですから、生徒募集＝売上げが一番大事。生徒・校舎管理・保護者対応・受験指導はすべて生徒募集につながっていく要素です。

予備校講師は、受験指導専門の「**フリーランス**」です。講義と模試・テキスト作成などひたすら顧客満足度を上げることに集中しています。自分の人気＝集客やアンケート評価につながるからです。エゴの塊みたいな学士資格の試験屋なのに、こちらはなぜか学校の先生ように教育者ぶりたい予備校講師が目立ちます。ぼくは同業ながら、ええ加減にしとけと思っています。

三者三様の違いを把握したうえで、好きに選んでください。時期によりそれぞれを行き来してもいいのですが、基本的に大学受験業界は石炭産業みたいなもので先はありません。少子化と一般入試の激減のダブルパンチで、今でも生死不明レベルの斜陽産業なので、あなたの世代の人が選択肢にいれないほうがいい。もしやるなら、相談なんてしないで勝手にやる。そのくらいの勢いがないと、沈む船の上で上手《うま》く踊れません。どの業界でも、限られたほんの一部は平気なのです（カリスマ英語講師である関正生先生の仕事がなくなるなんてありえないですからね）。ぼくもビートバン、いや割れた発泡スチロール箱のようにたくましく生きています。

どこかの教育関係の現場でお会いしましょう。アデュー！

●いま知っておいたほうがよい教育関連トピックはありますか？（大学生）

色んな教育の形があることを知ってください。ポンと思いついたものを書きます。

ぼくが最近気になっているところでいえば、大村みさこさんが代表を務めて、子ども食堂・学習支援・シングルマザー支援・不登校支援などの子どもにかかわるさまざまな社会課題に取り組む地域の約二〇団体と、区や区教育委員会が緩やかにつなげる「あらかわ子ども応援ネットワーク」という取り組み。認定NPO法人八王子つばめ塾理事長の小宮位之《こみやたかゆき》さんが展開する無料塾（完全無料で教えているそうです）。「高校も塾も通わせずに三人の息子さんを全員京都大学に」という趣旨の書籍で有名な宝槻泰伸《ほつきやすのぶ》さんが設立した探求心を育てる「探究学舎」。他に、三人の息子と一人の娘を一学年一〇〇人しか入れない日本最難関の東大理Ⅲに入れた佐藤亮子《さとうりょうこ》さん（佐藤ママ）の講演活動なども、全然違うように見えて、結局のところ教育に集約されます。

これと同じように色んな「学び直し」の形もあります。金子みすゞは「みんなちがって、みんないい」と詩に詠みましたが、「みんなちがって、どうでもいい」という、自分は自分、人は人と割り切り、不用意に攻撃したりしない生き方もあります。言葉はキツいですが、決してマイナスの意味ではありません。ほら、言葉の捉え方だって色んな見方があるからぼくはこうして予防線を張ってる。究極のところ、人は独りですが、一人きりで生きていけるわけじゃない。社会全体を考えて、他者を置き去りにしないようにしている活動やトピックは注目してみるといいと思います。

再受験するなら有名大に？

●大学に行き直したいが大学名にこだわってしまいます（社会人）

大学名を気にするのは悪いことではないですし、有名大学に受かるまで複数回、あるいはそれ以上受け続けることだって、大人の学びだからできることです。

ただ知っておいてほしいのは、この少子化社会において、大学名はかつてほどの意味を持たなくなっていくかもしれないことです。

二〇二五年、一般選抜志願者数ランキングのトップが一二年ぶりに変動。近畿大学から**千葉工業大学**に代わりました。一学年の総人口が一一〇万人足らずの世代で、一六万二〇〇五人という圧倒的な数は、早稲田大学の一九八九年度入試（当時は一学年人口二〇〇万人あまり）における一六万一五〇人を上回りました。これは、千葉工業大学がコロナ禍の受験生支援策として二〇二一年度から導入した、大学入学共通テスト利用入試の受験料免除の効果が大きく、二〇二一年以降は、一位が近畿大学、二位が千葉工業大学という状況が続いていました。それがとうとう逆転した形です。

ミドル&シニア世代の方からすれば、そもそも近畿大学が一位だったことにすら驚かれていると思います。二〇一〇年代以降、関東では明治大学・東洋大学、関西では立命館大学・近畿大学などがイメチェン・学科再編等を進めて受験生募集に大成功し、偏差値ランキングを大きく動かしてきたのです。そこへ来て二〇二〇年代の現在、理系の私立・千葉工業大学の募集戦略は衝撃です。学長も実業家の伊藤穰一《じょういち》さんですしね。

二〇二四年は出生数が七〇万人あまりと、少子化が待ったなしで進む日本において、今後も受験生の獲得競争は、高等教育機関の修学支援制度や私学助成金の交付などに定員充足率の要件もあり、激化していくことでしょう。これまでは厳しい条件で受験生をはじく側だった大学も、学生が欲しくてしょうがないという状況になってきています。そのなかで大学名というものは、大人の皆さんがかつて一〇代だったころに想像していたほどの価値はなくなっているかもしれません。

学び続ける人たちをもっと知りたい

●「学び続ける」人のエピソードを先生の身近でもっと知りたいです（社会人）

ピッタリの人を何人か知っているのでご紹介しましょう。

一緒にトークイベントをしたり、本を出したりしたこともある、ＴＢＳで数々の名物番組のディレクターやプロデューサーを歴任された二歳上の**角田《かくた》陽一郎**さんは、二〇一六（平成二八）年、四六歳で退職され、フリーランスの「バラエティプロデューサー」や書籍作家として独立されました。そして三年後、四九歳で、出身校でもある東京大学大学院の文化経営学修士課程に入学。その後、仕事も大学も続けつつ、なんと先ごろ、私立・江戸川大学のメディアコミュニケーション学部で晴れて「カクタ教授」になられたのです。博士課程にまだ在籍されているので、そのうち博士号を取られるでしょう。五〇代からのキャリアチェンジとしてお見事としか言いようがありません。

文化放送の土曜のラジオ番組『田村淳《たむらあつし》のNews CLUB』に出して頂いたことがある（というだけで連絡先も知らないですが）、ロンドンブーツ1号2号の**田村淳**さんは、山口県立下関中央工業高等学校卒で、その後、吉本興業に入り大人気の芸人になられました。二〇一八（平成三〇）年、四四歳で青山学院大学法学部など数校を一般受験して落ちてしまったのですが（以前から英語が苦手だったとのこと）、「学び続ける」意志は固く、すぐに慶應義塾大学通信課程に入学されました。そして翌年、通信課程は退学して慶應の大学院メディアデザイン研究科修士課程に進学、二〇二一（令和三）年に修了されています。そうなんです。学部を卒業していなくても、大学院に進むことは可能なんですね。

とくに専門職などですでに造詣の深い分野がある方などは、検討してみてもいいかもしれません。田村さんはもともと頭の切れる優秀な方ですが、具体的に学びを進めていき、大学卒業資格がなくても大学院に入学できることを世の中に知らしめた点も重要だと思います。

学校に頼らない「学び」の仕方もあります。二〇二五（令和七）年四月で引退されたばかりの、ぼくより七歳下の女子プロレスラー・**里村明衣子**《めいこ》選手は、一九九五（平成七）年、新潟市の市立中学校を出てすぐ、あのクラッシュギャルズ長与千種《ながよちぐさ》選手が立ち上げたGAEA JAPANの一期生に飛び込んだことから、義務教育しか終えられていません。しかし、「女子プロレスの横綱」と呼ばれるほどの超トップレスラーとなり、海外遠征などの経験で英語を学び、そしてセンダイガールズプロレスリングの社長経験によって経営を学び続け、世間に十二分に通用するどころか、その名前を業界外にも轟《とどろ》かせているレジェンドです。ぼくはいつかお会いしたいと思っていたのですが二〇一四年に実現し、すぐに仲良くなり、交流が続いています。去年、早稲田大学でのダブル講演も達成できました。プロレスを学び、英語を学び、社長業として経営や営業を学び、そのときどきで必要なことを学び続けながら業界も引っ張っていくというのはまさに学び続けている人といえるでしょう。

ぼくは、「学び」を土台に仕事を通じて沢山の人に出会ってきました。以上は素晴らしいプロフェッショナルの方々はその代表的な人です。

そうだ、早稲田の生涯教育学専修に再入学してとてもよかったことがあります。テレビの仕事でご一緒したことのある女優の**村井美樹**さんは、生涯教育学専修（当時は社会教育専修）のOGでした。そして、話している最中に、京都市の隣の小学校どうしだったことにお互い気づいたのです。「学び続ける」と出会いは本当にたくさんあります。なんて楽しいんだろう、と新たな人と出会うたびに思います。

再入学での出会い

四三歳で早稲田大学教育学部に再入学して四九歳で卒業するまで、実際に「その場で」出会った人たちの中から、本書の他のページで触れていない面白い人について、書いておきましょう。幅広い出会いがあることの実証になれば幸いです。

まず、生涯教育学専修の同級生を二名。

北島聡美《さとみ》さん。彼女は、元スタサプ生でもなく所属ゼミも別でしたがなぜかウマが合い、就活の相談にも乗っていました。超有名企業の内定を取ったのですが、それを蹴り、いきなり二二歳でフリーランスのデザイナーに。そして二年後に起業し株式会社Creative Logicを設立、三年後の二〇二三年には『伝わるスライドデザイン大全』(SBクリエイティブ)を出版するという抜群のスピード感。ぼくなんて初の著書を出したのは三八歳でしたよ……。

安藤咲良《さくら》さん。元子役タレントさんで、高校生の時、ぼくのスタサプの日本史講義を見て現役合格、入学したらなぜかぼくが同じクラスにいてびっくり！　してくれていたそうです。必修授業の席もすぐ近くだったのになかなか元生徒だとは言い出せなかったらしく、半年後にそれが判明(クラスに元生徒が一〇名近くいたのに……)。スタサプの合格祝賀会の司会など、仕事でも数度ご一緒しました。現在セント・フォース所属のフリーアナウンサーです。

生涯教育学専修は、ぼくの入学後倍率が跳ね上がり、二〇二五年現在、早稲田大学の全学部全学科全専修合わせて最高の倍率を誇ります。受験生に一定の知名度がある人が入学すれば、倍率や偏差値はすぐ上がります。ちなみに早稲田の教育学部は過去にスーパータレント「ヒロスエ〔広末涼子〕中退」騒動がありましたが、もはや現代の若者は誰も知りません。

次に学年違いの方々を三名。

小川紗良《さら》さん。一年時に『早稲田ウィークリー』掲載者が集まるパーティで会ってお話した、文化構想学部の一学年上だった俳優・映画監督です。パーティには当時の鎌田薫総長も来ており、「早稲田大学」と書いてあるしょぼいUSBメモリーを貰ったのですが、「うわ、大学って学年や年齢関係なくすごく色んな有名人と知り合う装置なのだな」と思わせてくれた最初の人でした。法政大学に通っていた一八〜二二歳の時には、サークルやゼミの先輩を除けばほとんど同学年の一部の人間関係に留まっていたので、視野が広くなりました。その後はお会いしていませんが、ご活躍を続けられています。

篠塚《しのつか》**康介**さん。文学部の二学年下だった名物学生です。詳しくはネット検索すればわかりますが、問題ブログを書いて大学から呼び出しを喰《く》らい、AV男優になり、メンズエステ経営に乗り出し、入院し、中退し……と壮絶な経験値を誇ります。ぼくはブログの文章を読んで興味をもち、以後は仲良しで、何度か二人でご飯食べに行ったりパーソナリティを務めていたラジオに出演してもらったり、今でも交流が続いています。ベーシックインカムシネマズという映画の初の受給者&主演者として、日本にベーシックインカム制度を作るべく精力的に活動している「過剰な人（褒め言葉です）」で、どうやら復学するらしいのでまた寿司喰いにいきましょう、と誘ってあります。

豊嶋海斗《とよしま》さん。文学部の一学年下だったタンゴダンサー「Kaito」です。大学入学後にアルゼンチンタンゴを始め、その頃に知り合いました。クラウドファンディング（クラファン）を募っていらっしゃった際に味のある文章を書いていて（篠塚さんもでしたが）、そこに最初は魅かれました。努力を続け、二〇二四年にはアジア選手権のチャンピオン、さらに世界大会のファイナリストまで上がっています。先ごろ結婚され、二〇二五年二月に週刊新潮に記事が掲載されていましたが、素敵な年上妻・伊藤紗希＝「Saki」さんとの、ジャンルを超越したダンサー活動に今後注目です。

最後に先生を一人。

河合敦《あつし》先生。歴史作家として著名な方です。ぼくは二〇一〇年に最初の著書として日本史問題集を出した時、各高校に個人で飛び込み営業に行っていたのですが、当時、都立白鷗高等学校で日本史教員をされていた河合先生は、お忙しいのに職員室で一時間も話を聞いてくれたのです。その際、渋幕〔渋谷教育学園幕張〕の日本史・高橋哲《あきら》先生を紹介していただいただけでなく、帰宅後にはぼくを激励するメールが届いていました。「賀一先生は早晩、売れっ子になって忙しくなります。必ずです。だから、老婆心ながら、今のうちに色んな人と会われるといいと思います。あと、本は売れることもあるけれど初版で終わることもしょっちゅうあります。自分もそうです。一喜一憂せず続けてください。応援しています」と。正直、その第一冊目の本は重版がかからなかったのですが、このメールにどれだけ救われたことか……（ぼくが一五年後、八二冊目の本書まで仕事が続けられているのは、紛れもなく河合先生のおかげです）！　これは恩人だと思い、二〇一一年の新年から欠かさず年賀状を出し、先生も丁寧に戻してくださり、というだけの関係が続いていたところ、一年生の秋、早稲田キャンパスの大隈銅像の前で偶然鉢合わせました。先生は、教育学部の教職課程で非常勤講師として講義をお持ちなのと、大学院卒業後も毎週のようにゼミに顔を出し、学びを続けられていたのです。ぼくが日本史だけでなく他の社会科の科目に手を広げるようになったのも、じつは河合先生の影響（日本史だけだとこの人にとてもかなわない！ と思った）なので、本物の恩人です。職員室で出会い、食事に連れて行って頂き、歴史関係者のパーティに誘っていただき、TV収録でご一緒したという四度しか対面していませんが、次はぼくが先生にご馳走したいと思います。

再入学して、以上のような出会いがありました。皆さま本当にありがとうございます。

教育関係のおすすめ本は？

●「学び」に関するおすすめの本はありますか？（大学生）

教育はあらゆる文化の根底であり最先端を走っているものですし、一年ごとに新しい情報が入ったり制度ができたりする分野なので、ぼくとしては基本的に新しい本をおすすめしたいです。

一冊目が**濱中淳子**《はまなかじゅんこ》『**大学でどう学ぶか**』（二〇二五年、ちくまプリマー新書）です。帯には「約八〇人の大学生の語りから導いた、四年間を無駄にしない成長の条件」とある通り、教育社会学のフィールドから見えてきた知見を詰め込んであります。「アウェーの世界に飛び込む」と「教員の活用」という二つのキーワードを軸に、客観的・具体的な「学び方」を伝えてくれる良書で、主観的・抽象的な本書と組み合わせると「学び続ける」ことに対し相乗効果は大きいと思います。濱中先生は、ぼくが四年生の時に東大から移籍してこられた教育社会学者で、とても親しくさせていただいています。ただ、知り合いだからすすめたわけではなく、本気でこれが一番のおすすめです。

二冊目が、**松本陽**《よう》『**教育超大国インド　世界一の受験戦争が世界一の経済成長を作る**』（二〇二五年、星海社新書）です。人口世界一、ＧＤＰ（国内総生産）世界五位のインド経済躍進の秘密は教育にあると喝破《かっぱ》しています。「勉強がすべて。勉強してインド工科大に行けば、人生が変わる」というインド人受験生の言葉は、階層移動手段としての「学び」という、以前の日本に見られた傾向の検証にも使えるお役立ち本です。

個人的な話ですが松本さんは、洛南高校の一八歳下の後輩で、リクルート「スタディサプリ」創業期に一緒にがんばった戦友。本書の企画をされた**西岡壱誠**《いっせい》さんは、二三歳下の現役東大生作家・青年実業家で、さまざまなシーンでご一緒しているマブダチ（互いがそういってる）です。これも知り合いだからすすめたわけじゃなく、本当にたままです。やはり、周囲の人間の問題意識は似ているというか、教育は共通の話題で、動く人は動くんだなあ、という感想です。インドのリアルを読んで、奮い立ってくださいい！

三冊目が、**三宅香帆**《みやけかほ》**『なぜ働いていると本が読めなくなるのか』**（二〇二四年、集英社新書）です。京大大学院出身の実力・人気ともに抜群の三〇歳の著者が丁寧に労働史をひもときながら、現代人が「本を読み続ける」ための方法を探る快著。「第二一回書店員が選ぶノンフィクション大賞二〇二四」を受賞、「第一七回オリコン年間〝本〟ランキング二〇二四」の新書部門で年間一位、「新書大賞二〇二五」で大賞を獲得するなど大ベストセラーとなったので知っている読者も多いでしょう。この本が売れていると知ったとき、結局、人は「学び続けたい」のだな、ということがよくわかりました。こちらの本も、帯イラストを描いているのが旧知のヤギワタルさんで、最初はそれで手に取りました。また、三宅さんはぼくの親しい書評家・作家のスケザネ〔渡辺祐真《わたなべすけざね》〕さんと何度も仕事されていて、また近しい人（ぼくはまだお会いしたことはないですが）の作品紹介になってしまっています。「学び」は普遍的かつ、活躍している人が必ず集まってくるテーマなのです。

最後に近代以降、伝統的に読まれてきた名著も二つ。

サミュエル＝スマイルズ『自助論』（三笠書房）は、文明開化期に中村正直《まさなお》が『西国立志編』としてはじめて翻訳したのが日本では最初の訳書で、あの福沢諭吉『学問のすゝめ』とともに、明治の若者たちを奮い立たせてきた自己啓発本の頂点です。これでモチベーション上がらなかったらぼくはもう知りません。あの、「ゴーイングマイウェイ」どころか「強引にマイウェイ」の本田《ほんだ》圭佑《けいすけ》選手ですら、すすめているくらいです。偉人の凄いエピソードが短く列挙されているので、勉強の合間にも読みやすいはず。ぜひ！

吉野源三郎『君たちはどう生きるか』（岩波文庫）は、日中戦争がはじまった一九三七（昭和一二）年に岩波書店の編集者によって書かれた、少年少女向けの自己啓発本です。二〇一七年にはマガジンハウスで漫画化、二〇二三年には翻案され（というかまるで別の話ですが）宮崎駿《みやざきはやお》によってアニメ映画化されたほど有名で、一五歳の主人公「コペル君」の名前を聞いたことがある人も多いでしょう。ぼくはこの本を読むたびに初心＝子どもの頃に持っていた世界への信頼や理想を思い出します。

以上、黙って読んでみてください。外れたとは言わせない自信があります。

おわりに

東京都台東区にある筑摩書房で、名うての遅筆であるぼくが、最後にカンヅメになった二月一八日、二つの出来事がありました。

その日の午前中は大久保の東京マルチ・AI専門学校で、厚生労働省委託「労働条件セミナー」を行い、出席者の半数以上が外国人留学生でした。ネパールや中国などから来たらしい彼らは、コンビニであのマルチタスクをこなしているだけでなく、なんと高速の関西弁混じりで九〇分話し続けるぼくのそれなりに難しい話をすべて理解し、時事的なたとえ話に笑い、質疑応答をこなし、今日は就職活動のよいスタートになった、等と感謝を述べてくれたのです。「ネパール人だがインド料理屋で働いているのは経歴詐称ですか?」と不安そうにたずねてくれた青年もいました。自分事として真剣に話を聞いて、そしてこれからも働いていこうとしているのだなと、彼の真剣な気持ちが伝わってきました。

その後、地下鉄蔵前駅を出た路上で雑誌『THE BIG ISSUE』を売っている、ぼくより少し上くらいの男性がいました。コロナ禍を経て一冊五〇〇円にまで値上げしていたビッグイシューを、何かの足しになればと前号含め二冊購入したぼくは、しばらく何ともいえない気分で筑摩書房へ歩いていったのです。

そして今日、二月一九日は九年前にぼくが早稲田の教育学部を受験した日でした。ぼくは入学以来、全国から受験会場に集まるスタディサプリ受講生を応援するため、独りで大隈《おおくま》講堂の前に立ち、「合格飴《あめ》」を配っています。自分自身、一八歳の受験時も四三歳の受験時も孤独だったからです。

若々しく希望に満ちた外国人留学生と、何かボタンを一つ掛け違えれば立場が入れ替わっていたかもしれない同世代の大人と、不安と孤独に震えながらもしっかり歩いてくる受験生。

とにかくぼくはできることを全力でやるしかない、簡単な感想が出てこないほど、二日間でいろいろ考えることになりました。ぼくは学び続け、鍛え続け、働き続けます。

興味深い企画を立て、ぼくを選んで依頼してくれた筑摩書房の二五歳下の若き編集担当・甲斐いづみさんにお礼を。

ぼくの仕事方針は、ボクシングと同じく、顎《あご》を引く、ガードを上げる、打ったら動くを基礎としています。これは、覚悟を決める、最低限の防御を固める、攻めて結果を出したら執着せずに次に行くということです。常に一マス横に広げる。ぼくは書きたい本より、編集者さんがぼくに書かせたい本を引き受ける人です。それによって広がる自分の可能性を見てみたい。最終的にぼくが二〇四五年に書く本は決まっているわけですから。

本文中に書いたように、来年、国立理系大学の受験勉強をし、入学します。受験の過程と入学してからの文系からみた理系の衝撃をこの本の続編で書くつもりです。「受験ダメだったら?」って? それはその時考えればいい。こんなところで公言して失敗したら「恥ずかしい」のでは? 「怖い」のでは?

震えながらでも、そんなものへっちゃらだ、と言ってのけるギリギリの勇気、それが貴重な時間とお金を遣いお読みいただいた読者の方への、せめてものお礼だと思っています。そして、そのような気概がなければ、ぼくは外国人留学生にも、日本人の大人にも、若者にも、とても向き合うことができないような気がしています。本書によって「学び続ける」ことへの心理的ハードルが、少しでも下がることを祈りつつ。

本当にありがとうございました。

二〇二五年二月一九日

ＪＲ東日本『大人の休日倶楽部《くらぶ》』講義へ向かうタクシー車内で

chikuma primer shinsho

ちくまプリマー新書490

もっと学《まな》びたい！と大人《おとな》になって思《おも》ったら

二〇二五年五月十日　初版第一刷発行

著者　伊藤賀一（いとう・がいち）
装幀　クラフト・エヴィング商會
発行者　増田健史
発行所　株式会社筑摩書房
東京都台東区蔵前二－五－三　〒一一一－八七五五
電話番号　〇三－五六八七－二六〇一（代表）
印刷・製本　中央精版印刷株式会社

ISBN978-4-480-68523-0 C0237 Printed in Japan